日日是日本語

にちにちこれにほんご

今野真二
Shinji Konno

日日是日本語《にちにちこれにほんご》

日本語学者の日本語日記

岩波書店

まえがき

『土左日記』に始まり、『紫式部日記』、『更級《さらしな》日記』など、日本には絢爛《けんらん》たる日記文学がある。明治時代でいえば石川啄木の『ローマ字日記』、大正時代でいえば永井荷風の『断腸亭日乗《だんちょうていにちじょう》』など、さまざまな日記が書かれてきている。以前に、ある出版社の編集者といろいろな話をしていた時に、日記は有名な人のものでないと出版されても読む人がいない、という話になったことがあった。そういえばそうだなとその時思った。ひろく知られていない人の日記が出版されても「誰これ?」ということになりそうだ。本書はそうした「誰これ?日記」だ。

だから少し「誰?」について説明しておこう。筆者は大学の教壇に立っている。「立っている」もおかしな表現だが、どんな科日を担当しているかといえば、「日本語学」と名前がついているものが多い。「何を専門としているのですか」と質問されれば、「日本語学」と答えるだろう。筆者は自身のやっていることが「研究」と呼ぶことができるくらいの「深み」をもっているかどうか、(真剣に)疑っているので、あまり「研究」という表現を使わないようにしている。「学者」などもってのほか、と思うので、本書の副題「日本語学者の日本語日記」は「面はゆい」。しかしまあそれはそれとして、とにかく「日本語」を分析対象としている。現代日本語は筆者が使っている日本語、過去の日本語は筆者が分析対象としている日本語だ。どちらも気になる。

大学院の頃は室町時代の日本語を分析していたのだが、少し前から明治時代の日本語も分析対象とするようになった。だから、明治時代の文学作品を読んでいると、とにかくいろいろなことが気になってしまう。この語の語義は何だろう？　これまでに見たことがない、とか、この語はこんな書き方もするのか、見たことがないぞ、とか、とにかくいろいろなことが気になる。気になった箇所はＡ６判（一〇五ミリメートル×一四八ミリメートル）の「情報カード」なるものに書いたりする。現在だったら、「Excelの表に入力する」というところだろうが、カードに書くのが半ば習慣になってしまっているので、相変わらずこのカードを使っている。森鷗外の作品も夏目漱石の作品もほとんど読んでいるが、こんなことをしながら読んでいるので、「筋」や「内容」がほとんど頭に残らない。ひどいものだ。つまり、落ち着いて文学作品を読んでいない。ここは「（笑）」を付けておくところかもしれない。

二〇一五年九月から二〇一七年八月にかけて『日本国語大辞典』第二版全一三巻を（まがりなりにも）全巻読む、という無謀な試みをした。読み始める時には、これがやりおおせたとして、何が残るのだろうか、と思わないではなかった。しかし、読み終わった時には「残ったものがある」「得たものがある」という実感があった。それがどんなものかを説明するのは難しいが、「自身が知らない（これまでに出会ったことがない）日本語はいくらでもある」ということと、「自身が読んだことがない文献はいくらでもある」という二つが大きなことだろう。あとは、日本語全体に関する「バランス感覚」のようなものだろうか。

その結果、逆に「今出会っている日本語」に丁寧に接しようという気持ちがうまれたように思う。丁寧に接すると気になることが増す。今まではあまり気にしていなかった新聞の見出しが、よくよく考えると気になる。電車の中でみかけたマンションの広告コピーが気になる。テレビドラマで使われていた語が気になる。テレビのアナウンサーの話し方が気になるというように、気になることが増えた。そうしたことを記録したのが、この日記の一つの面だろう。名づけて「日本語いちゃもん日記」。ここも「(笑)」が必要だ。

筆者と現在日本語を使っている人とは「日本語を共有している」。しかしその「共有」はある程度抽象化されたレベルでの「共有」であるので、具体的な使い方の面では「共有」されていないことも少なくない。筆者が日記に書いたことで、「そんなことはまったく気にならない」という方もいるだろう。だから「日本語いちゃもん日記」なのだが、そのあたりは「そんなことを気にする人もいるんだー」と寛容の気持ちで読んでいただければと思う。日記には「書き手」がいる。この日記の「書き手」は筆者だが、筆者が書いた日記というよりは、筆者が遭遇した日本語が書かせた日記、と思っていただけるとよいだろう。

筆者は二〇一三年の四月頃から、読んだ本の引用とか、その時に考えたことなどをメモのようなかたちで記録し始めた。それを少し日記風にしたものを二〇一七年の八月一一日から書き始めた。今となっては、どんなきっかけだったか覚えていないが、それを今回編集を担当してくださっている古川義子さんに読んでもらうようになった。これはおもしろいですねなど、感想を伝えてくださることもあり、そんなことを考え併せて、二〇一八年の一月から一二月までの分をまとめたものが本書だ。だから、二〇一八年の日本列島上に「たしかにあった日本語」が日記のようなかたちをもった、というような感じで読んでいただけるといいかもしれない。

一つ一つの語の背後にはその語と結びついている、言語使用者の「語感」さらには「イメージ」があると考える。日記を書きながら、ある語をめぐって過去のことが思い出されるということがしばしばあった。そんなことも、そっと書き添えてみた。この日記のどこかに「うんうん、そうだ」と思っていただける箇所があれば嬉しい。

日日是日本語

目次

凡　例

引用に際しては、

一、漢字は、常用漢字表にある字はその字体を使い、ないものはそのままとした。
一、振仮名は内容の理解に必要と思われるものを残し、ほかは省いたものがある。
一、仮名遣いは引用文献のままとした。

なお文中に新聞からの引用等があり、特に紙名を記さない場合、『朝日新聞』からの引用である。

一月
読書始

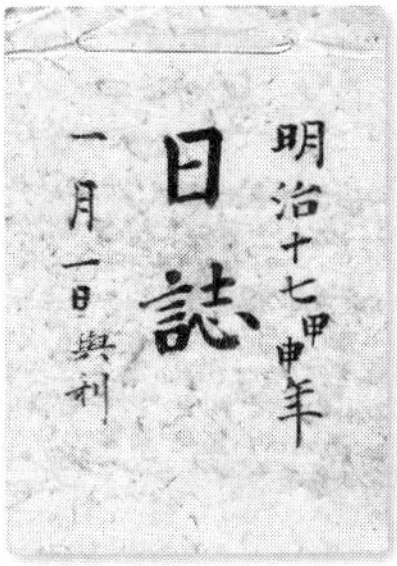

「日誌」明治17年、表紙

一月一日（月）――読書始

『日本国語大辞典』の見出し「とくしょはじめ（読書始）」の語義は、次のように記されている。

（一）禁中、将軍家、公家などで、幼少の者がはじめて読書を行なう儀式。禁中の式では、侍読（じどく＝博士）が書を読み、尚復（しょうふく＝都講）がこれを繰り返す。書物は「御注孝経」が多く用いられた。ふみはじめ。

（二）禁中、将軍家などの新年行事の一つ。その年はじめて書物を読む儀式。江戸時代、一般では「読み始め」として行なわれた。《季・新年》

禁中でも将軍家でもないが、毎年一月一日には、自分なりの「読書始」をしている。決まって、ある先学の著書を三〇分ぐらい読む。この先学の著書や論文を一年のうちに一度も読まないということはないので、この「読書始」は多分に儀式的ではあるが、気持ちを新たにして、一年間過ごしていくという

「誓い」のようなものかもしれない。その後に年賀状に目を通す。

「儀式」を一通り終えたのち、先日届いていた斎藤茂吉『連山』の印刷用原稿を見ることにした。これは斎藤茂吉の息、茂太《しげた》の妻である斎藤美智子が清書したものであるが、『連山』一冊分の原稿である。原稿は岩波書店の状袋に入っており、袋の表には「「連山」印刷原稿」と赤鉛筆で書かれている。斎藤茂吉自筆ではないとはいえ、価格もそれ相応のものであったが、思い切って購入した。今ちょうど『連山』を読んでいるという「縁」のようなものもあったが、原稿に入っている訂正に興味があるからだ。短歌(和歌)や俳句、詩などの「詩的言語」は、語をたったひとつ入れ換えることによって、がらっと「表情」を変えることも少なくない。詩がどのようなプロセスを経て出来あがっていくかを観察するとわくわくする。

一月二日(火)晴れ ――明治の日記を解読する

先日、明治一七(一八八四)年の一月一日から記されている「日誌」と、明治一九年のやはり一月一日から記されている「日誌」とを古書店から入手した。同じ人物のものと思われるが、明治期の文字の解読練習のために少しずつ読むことにした。

明治一七年のものから読み始めたが、最初に「目出度記」とある。これは「めでたき」ということだろう。それから「一月一日晴寒し」とある。「午前第四時起湯ニ入四方拝畢而屠蘇雑煮」の後「六時前出勤直所ニ而湯ニ入正八時上/宮御式出勤引続奥宮御式相勤神酒頂戴夫より二荒山御霊屋へ参拝相済二荒山社務所輪王寺二荒宮司方より年賀ニ行」と続く。この記事からすると日光あたりの神職の「日誌」

と思われる。元日だからか、四時起きとは早い。身を清めるためだろうか、よく湯に入る。日本語としては、例えば「第四時」という表現などが気になる。また全体が漢文に近いかたちで書かれていることも(時代を考えれば当然といえば当然といえようが)注目点だ。右の行《くだ》りはよめているが、所々というか、かなりよめない箇所がある。

このような「日誌」や心覚え、近親者にあてた手紙、はがきの類は、解読が難しいことが多い。書かれている「内容」に見当がつけにくいということがその理由の第一であるが、何より丁寧に書かれていない文字は判読が難しい。それは単純に、そういう文字を解読する経験が少ないため、つまりトレーニング不足ということに尽きる。筆者も一通りのトレーニングはしているが、やはりどうしても古典文学作品の写本をよむ、といったようなことが多く、さまざまな文字を「経験」していない。この「日誌」も、この歳になってからでは遅いという気持ちもあるが、いや少しでも練習をすればまだ少しはよめるようになるのではという気持ちもあって、入手した。せいぜいトレーニングをしていこうと思う。

先日読み終わった、荒川洋治『夜のある町で』(一九九八年、みすず書房)の中に数学者森毅『ゆきあたりばったり文学談義』(一九九三年、日本文芸社)のことが紹介されていた。おもしろそうだなと思ったので、注文しておいた。少し読んでみると、びっくりすることばかり書かれている。「小学一年生の頃は、山中峯太郎《みねたろう》(一八八五〜一九六六)の『亜細亜《アジア》の曙《あけぼの》』(昭和六〜七年に「少年倶楽部」に連載)なんかを一所懸命読みました。小学校一年生ですから、どう考えてもませていました。普通は四、五年ぐらいに読む本でしょう。二年のときは小栗虫太郎《おぐりむしたろう》(一九〇一〜四六)の人外魔境《にんがい》物(『有尾人』『天母峰』『水棲人』など)を読んでいました」(二一頁)の山中峯太郎はともかくとして、小学校二年生で小栗虫太郎はいかにもはやい。「それから島田清次郎（一八九九〜一九三〇）の『地上』なんていうのもちゃんと小学生ぐらいで読んでいます。『地上』は不幸な境遇に育った主人公が社会の矛盾と恋愛の不条理にめざめてゆくという話で、第一部は当時、異常な反響を呼んだんです。それをなんとぼくは小学生で読んでいるんです。これはわりにいい本です」（二七頁）も驚く。読み進めていくとアララギは苦手で、前田夕暮《ゆうぐれ》が「わりに好き」（四九頁）とか、斎藤茂吉よりも北原白秋だとか、いろいろとおもしろい。しかしとにかくいろいろな本を読んでいる。こういう人の専門が数学であることがまた興味深い。今は大学生が、「なんで本を読まなければいけないのですか」と疑問に思う時代だ。

一月四日（木）晴れ　――浅草名所七福神巡り

浅草名所《などころ》七福神巡りをした。ここの七福神巡りはなぜか九カ所を巡るようになっている。何年か前にチャレンジした時には六カ所まわるのがせいいっぱいだった。石浜《いしはま》神社（寿老人）から始めて、橋場《はしば》不動尊（布袋尊）、今戸《いまど》神社（福禄寿）、待乳山聖天《まつちやましょうでん》（毘沙門天）、浅草《あさくさ》神社（恵比須）、浅草寺《せんそうじ》（大黒天）、鷲《おおとり》神社（寿老人）、吉原《よしわら》神社（弁財天）まで、今年は八カ所まわることができた。聖天様では開運守りを授かり、浅草寺ではおみくじを引き、吉。「前程応顕跡（前程、まさに跡を顕はす）」は「ゆくさきのよしあしは、これまでしたることのよしあしによるなり」と説明されていた。なかなかいいことばだ。

二〇一七年一一月五日の新聞「池澤春菜が薦める文庫　この新刊！」の欄で紹介されていた早瀬耕《こう》『未必のマクベス』（二〇一七年、ハヤカワ文庫JA）を少し読んでみる。新しい文学作品には新しいことばが使われていることが多い。冒頭近くにさっそく「パスポート・コントロール」（七頁）とあった。筆者は最近はほとんど飛行機に乗らないのでとっさにわからなかったが、文脈からすれば「出入国審査」かなと思った。調べてみるとそれでよかった。すぐ続けて「キューバリブレ」(一〇頁)がでてくる。こちらはカクテルの名前だった。「ことばは世界を覗く窓」だから、アルコール類を飲まない筆者にとっては、そちら方面を覗く窓がないということだ。

一月五日(金)曇り　――「歴史はゆるむ」

小寒の日。少し気分的にも余裕があるので、思い切ってヘイドン・ホワイト『メタヒストリー』(岩崎稔監訳、二〇一七年、作品社)を読み始めようと思った。この厚さで、いつものように少しずつ読んでいったら読了までに何年かかるかわからないけれども、少しでも読んで、読んだ範囲で考えてみようと思う。

日本語の歴史的研究においても、近時は「物語」ということがいわれるようになってきた。現時点では、筆者は、「歴史」は「物語」的に語ろうとしなくても、そうならざるを得ない面をもっているのだから、意識的にそうすることには疑問をもっている。しかし、ではどのように「歴史」を語ればいいのかと問われると、「まだわからない」としかいえないのが現状だ。とくに、何を説明すれば「日本語の歴史」を説明したことになるか、という大きな問いがある。

中学校の時に国語を教えていただいた下南拓夫《しもみなみたくお》先生の歌集『遠景』(一九八七年、北羊館)に「生徒らのその親たちも戦争を知らぬと聞けば歴史はゆるむ」(一一頁)という作品が収められているが、この「歴史はゆるむ」という表現がずっと頭にある。下南先生がこの作品を作ったのは、今から三〇年以上前なので、「歴史」といった時に想定されていることが今と異なることはいうまでもないが、それでもそう思わざるを得ない。確実に「歴史」(の認識)が緩んできている。

一月六日(土)晴れ ——「日本語の歴史」の可能性

新聞の「折々のことば」の欄には「月に吠える犬は、自分の影に怪しみ恐れて吠えるのである」という萩原朔太郎のことばが採りあげられていた。『月に吠える』の「序」にあることばだ。こうやって書いてみると「自分の影に怪しみ恐れて」の助詞「ニ」は現在だったら、助詞「ヲ」が自然だと感じる人が多そうだと思う。

日本近代文学館で開催中の「小説は書き直される——創作のバックヤード」に行った。出品されていた資料は複製が多かったが、島崎藤村『夜明け前』の原稿や校正刷りなどがあった。近代文学作品は、作者が書いた原稿があり、それを入稿して、雑誌や新聞にまず活字印刷され、場合によっては、その切り抜きに作者が書き込みをし、それをもとに単行本がつくられ、さらに全集がつくられていくというプロセスをたどることが多い。そのプロセス中に、作者がかかわって、あるいは作者の知らないところで、「本文」が変わっていく。出版後に作者が加筆修正することもあり、井伏鱒二が『山椒魚』の結末を書き換えたことなどはよく知られている。そうしたことについては、『リメイクの日本文学史』(二〇一六年、平凡社新書)に書いた。

三中《みなか》信宏『思考の体系学』(二〇一七年、春秋社)をよむ。帯には「図形言語《ダイアグラム》——知の可視化。」とある。「ダイアグラム(diagram)」は「新語に強い」ことを謳う『三省堂国語辞典』第七版(二〇一四年)も見出しとしていない。調べてみると「何らかの情報を絵的に二次元表示したもの」、つまり「情報の絵画的表現」といえばよさそうだ。「思考」や「情報」のように目に見えないものを「可視化」する手段とみてもよい。「樹形図」や「フローチャート」や「ベン図」も「ダイアグラム」の一種であるし、複数の情報の関係性を示す「棒グラフ」や「円グラフ」もそうだ。「列車ダイヤ」の「ダイヤ」も「diagram」。

少し前から言語(日本語)の歴史をどう記述すればよいか、ということについて考えている。この「課題」には「歴史をどう記述すればよいか」ということと「言語(日本語)をどのようにとらえればよいか」という二つの大きなことがらがかかわっており、簡単に答えがでるような「課題」ではないが、「ダイアグラム」は後者にかかわる。

現在、言語研究は、音韻・音声分野、文法分野(統語分野)、語彙分野などと呼ばれる幾つかの分野に分かれて行なわれている。これは言語をいわば「小分け」して観察していることになり、では言語全体をどうとらえるか、という方法はいまだ考案されていないといってよいだろう。右で「分野」と呼んだものを「属性」とみなすとすれば、言語は複数の属性の組み合わせで成り立っていることになる。これを「一目」でわかるように絵画的に表現するのが言語に関しての「ダイアグラム」ということになる。そこまでいかなくても、つまり絵画的に表現できなくても、「複数の属性の組み合わせ」を一つの「情報」にまとめることができれば、その一つにまとめた「情報」の歴史を記述すれば、「言語(日本語)の歴史」が記述できることになる。しかし、それはなかなか難しそうだ。

一月七日(日)晴れ　――「写真はイメージです」

三中信宏『思考の体系学』を起点にして、ショーン・ホール著、前田茂訳『イメージと意味の本』(二〇一三年、フィルムアート社）とマイケル・ワイスバーグ著、松王政浩訳『科学とモデル』（二〇一七年、名古屋大学出版会）を購入した。

ここしばらく「イメージ」ということについて興味をもち、考えている。旅行のパンフレットなどを見ていると、夕食にはこういう料理ができます、という説明とともに写真が載せられている。そこに「写真はイメージです」と注記されていることが多い。この注記は、写真とまったく同じ料理がでるかどうかはわからないので、だいたいこんな料理がでるぐらいに思っていてください、ということで、そういう意味合いで「イメージ」という語が使われている。

画像や図形など「目に見えているもの」を指すこともあれば、脳内にあるものを指すこともあり、実は「イメージ」という語は日常的に使われる語であるにもかかわらず、語義や使い方が多岐にわたる。これを日本的といってよいかどうかわからないが、定義しないで発信し、受け手のいいようにとらえてください、という曖昧な状態のまま使われているようにもみえる。

「イメージ」という語が日常生活でどう使われているか、美術史学でどう使われているか、文学研究でどう使われているか、徹底的に検証する『イメージのイメージ』というようなタイトルの新書を書いてみたいと思って、出版社の人に話をしたら、「ちょっと本のイメージがわかないですねえ」とやんわりと断られた。そのこと自体は笑い話のようなものだが、現代的なテーマと思われ、論じる価値はあるのではないかと今も思っている。そういえば「印象操作」という語がひところ話題になったが、この「印象」は筆者のいうところの「イメージ」と重なる。

一月九日（火）晴れ　――「雑多」のよさ

日中はかなり暖かい感じだった。

　室生犀星「寒蟬亭雑記」のことをあれこれと調べていて、室生犀星の出版物について非常に詳しい情報を載せているサイトがあることに気づいた。一〇年ぐらい前は、インターネットの情報は不確かである、という議論が多かったように思う。特に大学での教育においてはそうだったのではないだろうか。しかし現在は、これだけ多くの情報がインターネットに蓄積されているのだから、それを使わないのと使うのとでは分析や考察に格段の差がでてくる。だから必要なのは「どのように使えばいいか」を考えることで、使わないという選択肢はもはやないと考える。

　筆者自身はそうした方面が得意ではないという自覚があったので、大学のサバティカル期間を自分で勝手に「ＩＴ力アップ年間」と名付け、パソコンも換えた。できる範囲で、ということではあるが、積極的にパソコンを使って情報を集め、あるいは検索し、分析や考察を行なうということを試みた。現時点で、そうしたことが「得意になった」とは到底いえないけれども、以前に比べれば「少しはまし」になったとは思う。そしてそれは授業や学生の卒業論文指導でもいきているだろうと思う。そう考えたい。

　さて、そうやってあれこれ調べていると室生犀星の『天馬の脚』という単行本が昭和四（一九二九）年二月一〇日に改造社から出版されていることがわかった。先に述べたサイトでは、ちゃんと国立国会図書館デジタルコレクションにリンクが張ってあって、ウェブサイト上で本の内容をすぐに見ることができる。それを使って目次的な箇所を確認したところ、残念ながら「寒蟬亭雑記」は収められていなかった。だが和歌や発句作品、書評なども収められており、「雑多」といえばそうかもしれないが、一人の人物の言語生活をトータルで捉えている、といえなくもない。純粋であること、単一であることの「良さ・美しさ」は当然あるだろう。しかし単一ではなく雑多であることの「良さ・強さ」、場合によっては「美しさ」も当然あるはずだ。多様性を認めましょう、という「掛け声」がかかるわりには、いつまでたってもそうでもない、ということはないだろうか。『天馬の脚』は注文しておいた。

予約しなくては、と思いながらもいつも忘れてしまっていたが、先日やっと、岩波書店の古川義子さんに「広辞苑予約します」とメールした。喜んでくれたので、こちらも嬉しかった。昨年まで試みていた『日本国語大辞典』全巻読破に続いて、今度は『広辞苑』第七版全巻読破でもやるかな、とちょっと思ったりもした。

一月一〇日（水）晴れ　――室生犀星が描いた朔太郎

室生犀星の続き。昨日、あれこれ調べていた時に、『青い猿』（一九三二年、春陽堂）が芥川龍之介、萩原朔太郎をモデルとしているということを知る。前から変わったタイトルの本だなと思っていたが、昨年室生犀星記念館を訪れた時に、この本が恩地《おんち》孝四郎《こうしろう》の装幀ということを知った。その時に求めた『装幀の美　恩地孝四郎と犀星の饗宴』（二〇〇九年）という冊子を見ると、「版画のほか、新聞連載時に描かれた挿画が一五枚挿入されている」（七頁）とのことだった。「青い猿」は『都新聞』に昭和六（一九三一）年六月から七三回にわたって連載されている。冊子に載せられている恩地孝四郎の挿絵版画がなかなか味があったので、インターネットで見つけた『青い猿』を、自分で自分へのお年玉、ということで少々高額だったが、思い切って注文してしまった。

筆者が興味を覚えたのは、親しく交流があった萩原朔太郎のことを、室生犀星がどのように小説に書いたのか、ということだ。小説はフィクションだから、そこに描かれたことがそのまま「事実」ではないことはもちろんだが、そこから萩原朔太郎と室生犀星との間にどのような「回路」が形成されていたかを、なにほどかにしても探ることはできるだろう。

文学研究においては、ある作品が発表された時に、どのような評価を受けたかという「同時代評」を話題にすることがある。『青い猿』もまた、一種の同時代評とみなすことはできるのではないか。萩原朔太郎をモデルにした小説が他にもあれば、そうしたものから、朔太郎像を再構築することができるかもしれない。朔太郎がいつどこで何をしたかという「年譜」は「事実」側の記録といえようが、朔太郎をモデルにした「小説」は「イメージ」側の記録といえないだろうか。

一月一一日（木）晴れ　――ナンセンス歌の意味

早田《はやた》輝洋《てるひろ》『上代日本語の音韻』（二〇一七年、岩波書店）を読み始める。研究書の場合は始めから順番に読んでいくことが多いが、「万葉漫歩」と名付けられた第一四章がおもしろそうだったので、そこから読み始めた。やはりおもしろかった。例えば『万葉集』巻一六に収められている次の歌（三八三八・三八三九番歌）の「よみ」だ。

無心所著歌二首
吾妹子《わぎもこ》が額《ぬか》に生《お》ひたる双六《すぐろく》の牡牛《ことひのうし》のくらの上の瘡《かさ》

吾背子《わがせこ》が犢鼻《たふさき》にする円石《つぶれし》の吉野の山に氷魚《ひを》そ懸有《さがれ》る

この二首には左注があって、それによれば、舎人《とねり》親王の「由《よ》る所無き歌」＝「ナンセンスの歌」(『上代日本語の音韻』二四〇頁)を作ったら褒美をやるという求めに「大舎人阿倍朝臣子祖父」が応じて献上した歌だという。早田輝洋は「私の気づいた万葉の注釈書は大同小異、皆大賞に値するような意味にとれない解ばかりを挙げてある」(以下、同前)と述べる。例えば新日本古典文学大系『萬葉集　四』(二〇〇三年、岩波書店)は「我妹子の額に生えている双六盤の大きな牡牛の倉の上の瘡」という「口語訳」を掲げている。「ナンセンスの歌」なのだから、ナンセンスでいいともいえるが、ナンセンスはナンセンスなりに「おお!」という表現でなければならないはずだ。早田輝洋は「万葉学者は慎重且お上品であり、皆表面の意味だけを述べて韜晦を事としているやも知れぬが」と述べた上で、(詳しい記述はここでは省くが)三八三八番歌については「私のいとしい彼女が額に生やしている、双六の賽ころにも作る牡牛の角のような。その牡牛の鞍――クラ(谷間)の上に腫物が出来ているなあ、私のいとしい彼女の……」という訳を、三八三九番歌については「私のいとしい殿御が締めるふんどしに丸い石、吉野の妹山と背山の間にちっちゃなお魚がぶら下がっているわ、私のいとしい殿御の……」という訳を提示している。

早田輝洋は第一四章の冒頭で「俗っぽい部分の欠落している言語資料は欠陥資料と言わざるをえない。上代語資料として『万葉集』はこの意味でも貴重なものである」(二三九頁)と述べている。筆者はこれまであまり「俗っぽい」と呼ぶことができるような文献を扱ってこなかった。しかし、約五〇万項目を収録する『日本国語大辞典』全一三巻を読破するという無謀な企てをしてから、言語にはそういう「方面」の語も(当然のことながら)存在していることをいわば「実感」した。そして、雅俗併せて語彙体系が形成されていることを思った。だからといって、すぐにそういう「方面」に分析対象をシフトするわけではないが、「雅俗併せて」という「感覚」は重要だと思った。これも『日本国語大辞典』全巻読破をしてみたおかげだ。そういう意味合いで早田輝洋の主張には同感だ。

一月一三日（土）——助詞の役割

新聞の第一面に「「核なき世界」転換」という見出しがあった。一瞬どういうことかと思って記事をよむと、「「核兵器なき世界」を目指したオバマ前政権の方針から転換し、核兵器の役割を拡大」とあったので、やはりそういうことかと思った。改めていうまでもないが、この見出しでは助詞が省かれている。省かれている助詞は「カラ」だ。

「転換する」という動詞の前に名詞が置かれている場合、「名詞(句)カラ転換」「名詞(句)へ転換」と両方の構文がごく自然に思い浮かぶ。「カラ」「ヘ」の役割は大きい。こういう助詞をわざわざ省かなくてもいいのではないか。見出しだから、文字数には制限があるだろう。しかし表現ということでいえば、見出しがわかりにくいのではしかたがない。

古代の日本語は助詞をあまり使わないで文を構成していたが、中世頃から助詞を多く使うようになった。通常はそのことによって論理的な文をつくるようになった、という評価をする。筆者は「論理的」ではまだ説明が足りない、もしくは適当でないように思うが、とにかくその頃から文を構成する要素同士の関係を助詞によって示すようになった。最近、新聞の見出しがわかりにくいと思うことが少なくないが、その多くは要素の並び順と助詞の使い方にかかわっているように思う。そうしたことについての

「目配り」が希薄になっているのではないだろうか。

『敵討粟案山子』というタイトルの(おそらくは実録《じつろく》小説)一〇巻一〇冊の本を入手した。題簽《だいせん》にはたしかに『敵討粟案山子』とある。「かたきうちあわのかかし」であろうか。「かたきうちあわのかかし」だとすると、『補訂版 国書総目録』(二〇〇一年、岩波書店)にも、『日本古典文学大辞典』第六巻(一九八五年、岩波書店)の「索引」にも、朝倉亀三《かめぞう》編『新修日本小説年表』(一九二六年、春陽堂)の「写本軍記実録類目録」にも載せられていない。そうだとすると、珍しい本ということになる。巻一〇の裏表紙の見返しには「安政七年/庚申閏三月求之 武辰亭」とある。安政七(一八六〇)年に入手した人物がいるのだから、テキストの成立はそれよりは前ということになる。「甲斐/巨摩郡/二日市場」という貸本屋の黒印が各冊末尾におされている。話としてはおもしろそうだ。また時間がある時に少しずつ読み進めていければと思う。

一月一四日(日)晴れ ――本は預かりもの

実録小説の話の続き。昨日は『敵討粟案山子』を入手したことを書いたが、その時に『天下茶屋敵討《てんがちゃやかたきうち》真伝記《しんでんき》』(二五巻二五冊)と『大岡仁政録《おおおかじんせいろく》』(一〇巻二〇冊)も入手した。なんとなく、同じところから出て来たものではないかと思っていたが、やはりそうで、すべてに同じ貸本屋の黒印がおされている。肝心の貸本屋名が現時点では判読できていない。篆書《てんしょ》を判読するのは一段と難しく、篆書辞典を使って時間をかけないと読み解けないことが多い。

同じ貸本屋だとわかってみると「ああ……」と思った。実はその時、他にも数点入札していたのだが、

（資金の都合で）途中で入手をあきらめた。中には本のコンディションが非常に良さそうで、是非入手したいと思ったものもあったが、価格が高くなりすぎて断念した。こういう時に、年間五〇〇万円ぐらい予算があれば、実録小説のテキストがかなり充実した「文庫」が一気に作れるのに、と妄想したりする。しかし、「そんなもの作ってどうすんねん」と（なぜか関西弁で）言われそうな気がして、そんなことは無理だなと思って妄想から目がさめる。

今回は手元に三つのテキストが来たが、残りは別のところにいったわけで、いわばテキストがばらばらになっていった。これは本の宿命といえば宿命である。

辞書のコレクターとしても知られていた辞書史研究者、惣郷《そうごう》正明の旧蔵書は、主なものはしかるべきところに収められているとのことであるが、物理的に小さな漢語辞書のような辞書は、ばらばらになったと思われる。なぜかといえば、筆者も「惣郷文庫」の蔵書印がおされた漢語辞書類をある程度の点数所持しているからだ。古書目録に載せられている段階で、「惣郷正明の旧蔵書」であることが記載されている場合もあれば、何も書かれておらず入手後にわかることもある。惣郷正明の旧蔵書であることがわかっていた場合には、できるだけ積極的に入手するようにしたし、段ボール一つ分ぐらいの書類は大学の図書館に購入してもらった。惣郷正明が時間をかけて苦労して集めたであろう辞書類も、その死とともにまたちりぢりになっていく。無情といえば無情。そういうものだといえばそういうものだ。

筆者は自身が購入した本も、預かりものだと思っている。またちりぢりになって次の人の手にわたるまでいったん預からせてもらっている。だから、せいぜいいいコンディションを保つようにする、という気持ちだ。また論文の資料としたり、新書に画像を載せたりして、できるだけ世に「紹介」しておく。

そうすれば、本も生き延びやすいかもしれない。

一月一五日（月）晴れ　――実録小説のおもしろさ

今日から本格的に後期の授業が再開される。

勉強会で読んでいる『悪狐《あくこ》三国伝《さんごくでん》』も実録小説の類であるが、まだ実録小説は文学作品としての研究も始まったばかりのようであるし、まして日本語の観察資料として使われたことはほとんどない。位置づけが難しいといえばそうであろうが、いろいろとおもしろそうな資料なので、積極的に入手するようにしている。

実録小説に関しておもしろいと思った点の一つに、振仮名がかなりの割合で施されているということがある。これは貸本屋を一つの「場」として広まっていたこととかかわるだろう。つまり「読みやすくするための手当」が施されたテキストとして流通していたということだ。

またテキストの書き手という点でも興味深い。例えば、今回入手した『大岡仁政録』はかなりなスピードで書かれているようにみえる。購入前からそのことはわかっていて、そこに興味もあったのだが、これはなぜか。『大岡仁政録』のように人気がありそうなテキストであれば、一つの貸本屋が同じテキストを複数セット持つこともあったのではないだろうか。その場合、すでに存在するテキストをもとにして新たに写すことがもっとも手っ取り早い。貸本屋専属の筆耕（書写者）がいたのでは？などといろいろなことが想起される。また、今回の『大岡仁政録』でいえば、明らかに異なる筆致がみられるので、書写者も一人とは限らない。振仮名はもしかしたら、臨機応変にテキストの「書き手」が施していたかもしれない。

一月一八日（木）晴れ　――クルミの花

島木赤彦『氷魚』（一九二〇年、岩波書店）を読み進める。

母一人臥《こや》りいませり庭のうへに胡桃《くるみ》の青き花落つるころ（二四二頁）

植物は好きで、クルミの木も見たことがある。印象深かったのは、宮沢賢治の旧跡をたずねて花巻に行った折に見たクルミの木だ。『風の又三郎』は「どっどど　どどうど　どどうど　どどう／青いくるみも吹きとばせ／すっぱいかりんも吹きとばせ／どっどど　どどうど　どどうど　どどう。谷川の岸に小さな学校がありました。教室はたった一つでしたが生徒は三年生がないだけで、あとは一年から六年までみんなありました」と始まる。しかし、クルミの花がどんな花かは知らなかった。今調べてみると、特徴のある花で、筆者の知っている花でいえば、榛《はん》の木の花に似ていた。たしかに青い花だ。

この峡の上につぎづぎに棚田なす高畦《たかあぜ》明かし夕焼の雲（三〇三頁）

つぎづぎに氷をやぶる沖つ波濁りをあげてひろがりてあり（三四〇頁）

最初の「つぎづぎに」を見た時は誤植だと思ったが、もう一度出てくるとなると、はたして誤植か、と思わざるを得ない。島木赤彦は長野県生まれであるが、方言的なものなのだろうか。『氷魚』読了。

二〇一七年七月九日読み始め。

一月一九日(金)晴れ ――『亜細亜の曙』

森毅『ゆきあたりばったり文学談義』に山中峯太郎『亜細亜の曙』(一九三二年、大日本雄弁会講談社)を読んでいた、ということが記されていたので、この本を購入してみた。実際に本を購入すると「わかること」がたくさんある。

まず巻末に同じ出版社の出版物の広告が載せられていることがあり、そこからいろいろな「情報」が得られる。これは江戸時代に出版された本でも同様だ。この書肆からはこんな本も出版されていたのだとか、広告があるが結局は出版されなかったと思われる本の存在とか、さまざまだ。

『亜細亜の曙』にも出版物の広告が載せられているが、「日露戦争の時勇敢なる日本軍人はこんな大冒険をやつた」という謳い文句のもとに山中峯太郎『敵中横断三百里』が、「世界に誇れ、われ等の軍隊! 強い兵隊、凄い武器」という謳い文句で平田晋策『われ等の陸海軍』が紹介されている。一九三二年から二〇一八年まで、まだ九〇年弱しか経っていない。九〇年前にはそのような「スローガン」が飛び交っていた。まず、それを知ることが必要ではないかと思う。後者には「日本は今大切な時、一人残らず之を読め! 日本の力を知れ」ともある。

『亜細亜の曙』には「西条八十作歌」の「亜細亜《アジヤ》の曙《あけぼの》」という詩が掲げられている。詩が印刷されている頁には写真が載せられていて「写真は大揚子江」とある。次の頁には日本から東南アジアにかけての(大東亜共栄圏を思わせる)地図が、その次の頁から「南洋の平原に立てる白蟻の大塔」「千古切開かれない南洋奥地の大森林」「上海波止場の賑かな一場面」などのキャプションを附した写真が載せられていて、その次の頁から「本文」が次のように始まる。

我が日本は、武の国である。

畏くも、神武天皇は武をもつて、我等の祖国を建て給うた。（略）

日東の剣侠児・本郷義昭は、曙の男子である。平和を愛し正義を生命とする。しかも、今、我等の祖国日本は世界に孤立し、亜細亜に風雲暗くして、太平洋の波高く、何処よりか『日本を征服せよ』との声を聞く。

「本郷義昭」は実在の人物ではなく、山中峯太郎の作品中で、ヨーロッパ、中国、南洋諸島を舞台にして活躍する（剣道六段、柔道五段という設定の）陸軍将校の名前。昭和五（一九三〇）年から昭和一〇年にかけて『少年倶楽部』に連載されていた山中峯太郎の作品に登場する。

小学生の頃に『亜細亜の曙』を読みふけっていた森毅は旧制北野中学校（現在の北野高校）から旧制第三高等学校へ進学し、終戦を迎えて、東京帝国大学理学部数学科へ入り、数学者になった。そうした「生い立ち」には森毅の「個性」がかかわっていそうだが、同じように『亜細亜の曙』を読んでいた小学生たちはどのような人生を歩んだのだろうか。

この頃の小学生前後の「児童」をとりまいていた、「書きことば」を中心とする言語生活はどのようなものであったか、ということに少し前から興味をもっている。まず、どのような「書きことば」が「児童」に提供されていたかという意味合いで、北原白秋の実弟鉄雄が社主であったアルスから、昭和二年五月から昭和五年一〇月にかけて全七六巻で出版された、児童向け百科事典的文庫「日本児童文庫」の日本語及び内容を検証することなどが大事ではないかと思っている。この「児童文庫」は全巻の装幀、挿絵のレイアウトなどすべてを恩地孝四郎が担当している。アルスとしてもそれだけ力を入れていた。いつか分析、検証をしてみたいと思って、ある時に全巻を購入した。

もう一つ興味があるのは、「児童」からのアウトプットで、例えばこの昭和初期に「児童」はどのような作文を書き、詩を書いていたのか、ということも検証してみたい。こちらも気がつく範囲で、さまざまな文献を集めているが、時間がかかりそうだ。

一月二〇日（土）晴れ　大寒　――北原白秋選『児童自由詩集』

「児童文庫」の話の続き。例えば昭和三（一九二八）年二月の第九回配本では、第二六巻『児童自由詩集』と第四八巻の渡辺万次郎『地中の宝』とが一つのケースに入れて配本されている。渡辺万次郎は東北帝国大学の鉱床学講座担当の教授で、地球科学者。先に「百科事典的文庫」と表現したのは、単に文学作品が収められているのではなく、このようないわゆる理科系の読み物もうまく配されているからだ。「バランス」ということが配慮されている。

第二六巻『児童自由詩集』は北原白秋選である。「父兄たちに」という文章が置かれているが、そこで白秋は次のように述べている。

この児童自由詩集は日本の児童によつて作られた自由詩の意義ある詞華集として、後代への重要なる文献の一つを成すものと信じます。

私が雑誌『赤い鳥』に於いて、児童の自由詩を指導し初めてから、かれこれ八九年になります。その間に日本の児童は詩を理解し、詩の精神を自覚して来ました。さうして自由に詩を作り、精密に詩を磨いて来ました。今日に於いては作品価値としても極めて高い処まで向上して来てをります。すなはち、この児童自由詩集はそれらの聚積であり、結晶であります。

詩のいわゆる「完成度」はもちろん考えなければならないが、少なくともそれは北原白秋が「保証」しているともいえるだろう。筆者としてはこれらの詩で使われている語が「入り口」となる。高等小学校二年生の作品を少しあげてみよう。高等小学校二年生は一三歳もしくは一四歳で、現在であれば、中学校二年生にあたる。

ぢんちよっ木　　神奈川　岩野喜久子

知らないうちの前だ、
ぢんちよっ木の花が咲いてゐる。
夕もやの中に、
白いぢんちよっ木の花、
なつかしい香ひがする。
知らないうちのぢんちよっ木。

月夜　　神奈川　同人

すんだ月夜だ。
ほし大根のゆれる度、
そばの菊の葉に
光がひかる。

らぢおのさをの先の
光のつめたさ

「らぢおのさをの先の／光のつめたさ」はなかなかの完成度のように思う。筆者が「おっ」と思ったのは、「ぢんちよっ木」だ。詩の内容から判断すると「ジンチョウゲ（沈丁花）」のことであろうが、「ジンチョッキ」という語があったことになる。『日本国語大辞典』の見出しにも語釈にも「ジンチョッキ」は見出すことができない。

一月二二日（月）——昭和三年頃の方言

天気予報どおり、午後から東京は大雪になり、大雪警報がでたために、大学の授業の四時間目以降が休講になる。帰り道、気をつけていたのに、転倒。車を避けようとした時に、足下が滑って、かなり「派手に」ころぶ。体の右側を強打してしまった。注意しなければいけないとつくづく思う。

『児童自由詩集』はなかなかおもしろい。

「富山　森本桃作」の「馬車」という作品には「でんぐるましてゐると、／馬車が通つた」とあるが、この「デングルマ」は『日本国語大辞典』の見出し「テングルマ」＝〈児童の遊戯の一つ。二人が両手を組み合わせ、その上に他の一人を乗せて歩くもの〉の方言形だろう。『日本国語大辞典』には新潟県に「でんぐるま」、新潟県・富山県に「でんぐるまい」という語形があることが記されている。

昭和三（一九二八）年頃は、共通語のありかたが現在とは異なるはずだ。現在は、テレビ等のいわゆる「マスメディア」を通じて共通語がひろくゆきわたっている。そのために、共通語と異なる語形は気づきやすい。気づけばその語形は「方言だったのだ」ということになって、「表舞台」では使われなくなる。こうしたことを繰り返しているうちに、「一枚岩」のような共通語ができあがっていくというのが現在の共通語の「ありかた」だろう。共通語が「一枚岩」とまではなっていなかった時期には、いわゆる「方言」が使われる場面はひろかったことが推測される。だから、児童の作る詩作品にもそうした語形が使われている。『児童自由詩集』はそんなことも示唆してくれる。

一月二四日（水）晴れ――「見たことも聞いたこともない」語の嬉しさ

室生犀星『青い猿』が届いた。外箱や表紙には少しスレがあるが、「本文」は非常にきれいで、もしかしたら読まれたことがない本かもしれない。一頁が一二行、一行は三五字で比較的ゆったりと組んであり、今年還暦の眼にはありがたい。恩地孝四郎の装幀、挿絵もよい。

作品の冒頭ちかくに「その束のなかに今朝もきつと例の支那封筒《しなふうとう》が一本挟まれてゐる筈だ」（一頁）とある。『日本国語大辞典』は「シナフウトウ（支那封筒）」を見出しにしていない。また語釈中でもこの語は使われていない。「シナ（支那）」という語を使うことがどうか、ということとは別のことがらとして、かつて「シナフウトウ（支那封筒）」という語があり、ある種の封筒をそのように呼んでいたという「事実」は動かないのであり、そのことからすれば、それがどのような封筒であったかは、記録されていてよい、と考えるが、こうしたことが案外とわかりにくくなっているように感じる。

ハル子は彼の愛杖《あいぢやう》してゐるステツキを袋から抜いて手渡した。（五頁）

右の「アイジョウ（愛杖）」は『日本国語大辞典』の見出しになっていないし、語釈にも使われていない。

もちろんそういう語はいわばいくらでもあるわけだが、『日本国語大辞典』が見出しにしていない、というよりも、筆者自身がいわば「見たことも聞いたこともない」語がいくらでもある、ということが「日暮れて道遠し」の感を強くさせると同時に、少し楽しくもある。

一月三〇日（火）晴れ　――挿絵画家たちのスクラップ帖

一月四日に浅草名所七福神巡りをした時、待乳山聖天に行った。聖天様は何度か訪れているが、西側の登り口に「池波正太郎生誕の地」の碑がある。そういえば、池波正太郎の作品をほとんど読んだことがないことに気づいた。そこで直木賞受賞作である『錯乱』（一九六〇年、文藝春秋新社）を注文した。『錯乱』の装幀は岩田専太郎《せんたろう》が担当している。岩田専太郎は山中貞雄の『人情紙風船』の美術考証をしたとのことであるが、連載小説の挿絵でも知られている。江戸川乱歩「魔術師」（一九三〇～三一年、『講談倶楽部』に掲載）も岩田専太郎が挿絵を描いている。プラトン社の専属画家となって、同社から出版されていた雑誌、『女性』や『苦楽』の挿絵を担当していたことがわかっている。岩田専太郎の挿絵の原画は古書目録でもよく見かける。それだけ多くの挿絵を描いていたのだろう。さらに調べてみると、千駄木に「金土日館」という岩田専太郎の作品を中心に展示を行なっている美術館があることもわかった。

先日届いていた「和洋会古書展」（平成三〇〈二〇一八〉年一月二六日～二七日）の目録には、「岩田専太郎挿絵切抜スクラップ帖」が三冊一万円で出品されていた。志村立美《たつみ》、林唯一《ただいち》、富永謙太郎、清水三重三《みえぞう》、下高原《しもたかはら》健二らのスクラップ帖も。いずれも挿絵画家だった。

二月
八〇〇万円の辞書

二月一日（木）晴れ　――「アラフィー」か「アラフィフ」か

今日から二月。もう一年のうちの一カ月が終わってしまった。

新聞に雑誌『éclat』の広告が載っており、そこに「アラフィー」とあった。調べてみると「アラフィフ」と同じで、「around fifty（五〇歳前後）」の略語（?）ということだったが、「アラフィー」か「アラフィフ」か、雑誌によってどちらを使うかがだいたい決まっているようだ。

筆者の勤務している大学の学科では卒業論文が必修になっており、口述試験も行なう。口述試験は日本語学、近代文学、古典文学の三分野に分かれて行なうが、教員は協力し合う。筆者は明治期の文献を扱うことが少なくないので、しばらく前から、近代文学の口述試験にたちあうことが多い。今年は小熊《おぐま》秀雄について論文を書いた学生がいた。小熊秀雄のことはよく知らなかったので、『小熊秀雄詩集』（一九八二年、岩波文庫）と『小熊秀雄　絵と詩と画論』（二〇〇九年、創風社）を購入した。小熊秀雄は漫画も描

『ボクハキクヮンシャ』上田廣著、山下謙一画、新日本幼年文庫、1941年

いており、「不思議な国インドの旅」は手塚治虫の『ふしぎ旅行記』に影響を与えたとのこと。

二月二日（金）雪――『小熊秀雄詩集』をよむ

雪がかなり降った。前回の雪の時に転倒したので、スノー・レイン兼用の靴を買っておいた。外出する必要があったので、それを試してみる。なかなかよかった。今回は前回ほど積もらないようだ。

届いていた久生十蘭《ひさおじゅうらん》『墓地展望亭・ハムレット他六篇』（二〇一六年、岩波文庫）を少しよむ。文庫の表紙に「久生十蘭（一九〇二―五七）の、彫琢につぐ彫琢によって磨きぬかれた掌篇、短篇あるいは中篇を精選」とある。川崎賢子による「解説」をみると、例えば、「墓地展望亭」であれば、最初に発表されたのは『モダン日本』という雑誌の昭和一四（一九三九）年七月号、八月号で、その後単行本『金狼』（一九四七年、新太陽社）に収められ、『妖奇』（一九五〇年七月号～一〇月号）、『探偵実話』（一九五六年七月臨時増刊号）に再録される、というように、雑誌に何度も発表されている。その都度手を入れることができたわけで、おそらくこうしたことを「彫琢につぐ彫琢」と表現したのだろう。テキストの変容ということではおもしろい素材だ。

『小熊秀雄詩集』（一九三五年、耕進社）が届く。一九三二年三月には満州国建国宣言がだされ、その五月には「五・一五事件」が起こり、一九三三年には日本が国際連盟から脱退、一九三五年には貴族院で美濃部達吉の天皇機関説が攻撃をされる、そういう時代だ。詩集の「序」の末尾には次のようにある。

　或る者が『小熊は偉大な自然人的間抜け者である』といつた言葉が私をいちばん納得させた評言であつた、私は民衆の偉大な間抜けもの、心理を体験したと思つてゐる、民衆はいま最大の狂燥と、底知れぬ沈鬱と現実の底の尽きることのない哄笑をもつて、生活してゐる、一見愚鈍であり、神経の鈍摩を思はせる一九三五年代の民衆の意志を代弁したい。そしてこの一見間抜けな日本の憂愁時代に、いかに真理の透徹性と純潔性を貫らぬかせたらよいか、私は今後共そのことに就いて民衆とともに悩むであらう。

二月四日（日）晴れ　――萩原朔太郎の写真

入試なので、一日大学にいた。

「祟」という字を「崇」と書いている答案がかなりの数あった。同じ文章にたまたま両方の漢字が使われていたのだが、「タタリ」を「祟り」と書いていた。あるいは「出」の下にさらに「宗」と書いたり、ウ冠ではなくて穴冠にしているなど、バリエーションが少しあって、興味深かった。

帰宅後、萩原朔太郎写真作品集『のすたるぢや』（一九九四年、新潮社）の続きをよむ。巻末には「四角い遊具の寂しさ」という題で、萩原葉子の息、萩原朔美の文章が載せられている。萩原朔美は、朔太郎が「寂しい風景ばかりを選んだというよりも、そのような風景に撮らされている」と表現している。「風景に撮らされている」はわかりにくい表現であるが、知らず知らずのうちに、そういう風景を撮ってしまう、ということだろう。朔美は「どうして、この寂しい風景、「自分の心の郷愁」であり、「侘びしをり」を撮らされてしまうのだろうか。それは日常や環境といったものから派生しているのではない。近代が生んだ共通の感情なのか。あるいは「存在の寂しさ」なのだろうか」（九三頁）と述べる。

詩が言語を媒介とした表現、写真がカメラという装置を使った表現であるとすれば、朔太郎が表現したかったものは、やはりそういう「郷愁」「さみしさ」「かなしさ」のようなものだったのではないか、と平凡だが思う。そのことは「近代」という時期と深くかかわると憶測しているが、これは文学研究のテーマであろう。

こうした「郷愁」「さみしさ」「かなしさ」の表現について、口火を切ったのは北原白秋ではないだろうか。白秋もある意味合いにおいては朔太郎と同質の喪失感、郷愁をもっていたと考えるが、福岡県柳川に生まれ育った白秋と、群馬県に生まれ育った朔太郎との個的な異なりが、異なる「発露」にむかったともいえよう。明治一八(一八八五)年生まれの白秋と明治一九年生まれの朔太郎とは、年齢はほぼ同じで、時代差に両者の違いを求めることはできない。

二月五日(月)晴れ　――中野重治は書く

『中野・金子・小熊詩集』(一九四九年、新日本文学会)が届く。中野重治、金子光晴、小熊秀雄の詩が載せられている詩集であるが、どこにもどういう経緯でこういう詩集が編まれたかについては記されていない。不思議な詩集だ。

中野重治編、小熊秀雄著『流民詩集』(一九四七年、三一書房)も届いていた。装幀・カットは京都を主題にした作品で知られる洋画家の井沢元一《もといち》が担当している。この詩集には「序」が置かれているが、その冒頭には「小熊の最後の詩集『流民詩集』がつひに世に出ることになつた。この集をおほやけにしようとして多少骨折つたことのあるわたしは、このことを心からよろこびつゝなほ悲しみの念をおさへることが出来ない」とあって、これは中野重治のことばであろう。中野重治は書く。

小熊は死に、戦争は太平洋戦争へと発展し、多くの都市が焼かれ、小熊のたゞ一人の息子も、はたちになりながら八月十五日を前にして死んでしまつた。いまは小熊夫人が、たゞ一人寡婦として生きてゐる。

小熊の詩と詩集の運命とは、日本の人民の経て来た苦痛と運命とをさながらにうつしてゐる。小熊の家族の経て来た道は、日本の多くの家族の経て来た道をさながらにうつしてゐる。わたくしは、小熊の詩の読者が小熊の詩のつらさ、くらさ、かなしさを十分ふかく読み取つてくれるやうのぞむ、そのことが日本の詩をあかるくすること、たのしく、よろこばしくすることに繋つてゐやう。民族の生洲を内がはから豊富にしてゆくことにつながつてゐよう。

この「序」が書かれた一九四六年は、今からたった七〇年ほど前にすぎない。

二月七日（水）晴れ　――初午の日

新聞の折り込み広告に「本日初午《はつうま》」とあった。調べてみると、本来は旧暦二月の最初の午の日であったが、現在では新暦二月の最初の午の日を「初午の日」としているようだ。江戸時代にはこの日に子供が寺子屋へ入門したという情報もあった。『平成三十年神宮館九星本暦』を調べてみると、京都伏見稲荷、笠間稲荷で初午祭が行なわれる。この暦はおもしろいので毎年購入している。季節の運行を知るというと大げさだが、時々ちらちらと見ている。

新聞の「第2東京」面に「運慶　弟子らの仏像から探る」という見出しの記事が載せられていた。神奈川県立金沢文庫で開かれている「運慶　鎌倉幕府と霊験伝説」という展示では、「運慶の兄弟弟子か、弟子とみられる仏師の作品」に注目して運慶について探るということのようだ。運慶の兄弟弟子か、弟子とみられる実慶という人物の「大日如来坐像」が紹介されていた。運慶の兄弟弟子であれば、運慶と、ともに学んだ人物で、弟子であれば、運慶に学んだ人物であるから、（妙な表現だが）「実慶に運慶がどのくらい含まれているか」という度合いは、原理的には相当に違うはずだ。兄弟弟子から運慶を探るのは難しくはないだろうか、などと思ったりする。

二月六日〜一二日まで開催される「三省堂書店池袋本店古本まつり」の目録に『マメノコブタイ』という本が掲載されていた。大木惇夫《あつお》著、恩地孝四郎絵、新日本幼年文庫とあった。昭和一六（一九四一）年に帝国教育会出版部から出版された本のようだが、二万円という価格で、「おもしろそうだな」と何気なく買えるようなものではない。少しインターネットを調べてみると、ほるぷ出版から『マメノコブタイ』『オサルノエウチエン』『正夫君の見たゆめ』『プークマウークマ』『オヤマノカキノキ』の五冊がセットになった複製が出版されていたので、これを購入した。また、ネットオークションに同じ新日本幼年文庫の『ボクハキクワンシャ』が出品されていたので、それも入手した。古書目録には「こういう本があるのだ」ということを教えてくれるという意味合いもある。

『マメノコブタイ』には「お母さまがたへ」という大木惇夫の文章が添えられており、そこには「高度国防国家の理念が、この、をさない絵物語りの世界で、どれほどまで比喩的に、或は象徴的に、また暗示的に、感覚化されたかといふこと、即ち、どれほどまで作者の当初の意図が成功したかといふことは、作者自身として何とも言へないところですが、ねがはくは、お母さん方が作者の意図を汲みとつてこの作に欠くるところを補ひながら、お子さんたちに然るべく解説していたゞきたい。国民精神の基礎工事が、将来の大国家を背負つて起つ幼少者の胸にこそ最も清新に逸早く植ゑつけられなくてはならないとするのは、ひとり私ばかりではないと信ずるものであります」とある。

大木惇夫は、北原白秋の序文が附された第一詩集『風・光・木の葉』を一九二五年にアルスから出版している。その後も詩人として白秋のちかくにあり、白秋没後の昭和二六年には『天馬のなげき　北原白秋伝』(婦人画報社)を出版している。一九三二年までは大木篤夫と書いていた。太平洋戦争中の「戦争詩」でもよく知られている。

二月八日（木）晴れ　――「紀元二千六百年」の歌

『ひととき』という旅行雑誌の取材に「旅人兼監修者」として同行し、三崎、城ヶ島方面の北原白秋ゆかりの地をまわった。白秋記念館で、三崎白秋会事務局長の山口勝氏にいろいろとお話をうかがう。白秋が三崎を訪れた大正二(一九一三)年、一家で住んでいた大正三年頃とは、埋め立てなどによってずいぶん地形が変わっていることがわかった。

天気がよく、城ヶ島の海がきらきらと光り輝いていた。この「光」が『白金之《はっきんの》独楽《こま》』に満ちている「光」なのだろうと思い、スキャンダル等で傷ついた白秋が、光によって再生していったことがなんとなく感じられてよかった。白秋はこの地で、自身の再生の兆しを感じ、俊子を連れて、さらに南の小笠原に渡ったのだろうか。

「新日本幼年文庫」の続き。百田《ももた》宗治《そうじ》著、小山内《おさない》龍《りゅう》絵の『オヤマノカキノキ』は、「コザルノ三キチ」「ウサギノピョンタラウ」「リスノタマコサン」「コグマノジラウサン」が連れだって、「ムカフノオヤマノカキヲタベニイク」ことになるが、向こうの山は遠く、途中で道がわからなくなり、しかもトビが渋柿だというので、トビに道案内をしてもらってもとの山に帰るという話だ。途中でみんなで歌を歌う場面があるが、最初は「ミヨ　トウカイノ　ソラ　アケテ」と「愛国行進曲」を歌い、次には「キンシカガヤク　ニッポンノ」と「紀元二千六百年」を歌う。「紀元二千六百年」は歌詞、曲ともに公募によったもので、ラジオでは毎日のように流され、大流行したという。この「紀元二千六百年」を筆者の母たちが歌っていたところ、祖父山田孝雄が「でたらめな歌を歌うな」と怒ったという話を母から聞いた。山田孝雄は神宮皇学館大学の学長を務めたこともあり、戦後は公職追放される。そんなことから「右翼」とくくられることもあるが、歴史的に認められないことは認められないということだったのだろう。

二月九日（金）晴れ　――『正夫君の見たゆめ』

「新日本幼年文庫」三日目。佐藤春夫『正夫君の見たゆめ』、絵は谷中安規《たになかやすのり》だ。谷中安規は内田百閒、佐藤春夫の本の装幀を多くてがけている。

三頁の挿絵には寝転んで本を読む正夫が描かれているが、壁に「ちゝは／いくさ／に」と書かれた色紙らしきものが掛かっている。六頁には、窓から外を見た風景が「本文」の展開とは無関係に描かれているが、絵の中央上部に見える小学校らしきところには半旗になった国旗が掲揚されているようにみえる。この時期はつねに半旗を掲げていたのだろうか。一〇頁には床の間が描かれているが、やはり右側の壁には甲《かぶと》の色紙、床の間の花瓶にはシャクヤクらしき花がいけてある。掛け軸には「鬼に泣く子には／やるまいかしは餅」と書かれている。巖谷《いわや》小波《さざなみ》っぽいなと思ってインターネットで調べてみると、やはりこの句が書かれ、「日本一」という旗を持った桃太郎らしき人物が描かれた巖谷小波の掛け軸があった。一五頁に描かれた枕元のランプの笠には南方らしき場所にいる兵隊が描かれている。

『正夫君の見たゆめ』の「本文」には戦争を思わせる文辞はほとんどみられない。しかし、谷中安規の描いた挿絵には、戦時下であることを思わせるさまざまなものが描き込まれている。絵本における「本文」と「絵」とは伝達する「情報」を分け合っているというのが筆者のみかたである。最近は「ヴィジュアルリテラシー」ということもいわれるようになった。もちろん「絵」が「本文」を「後追い」して視覚的に「本文」を示すということも多いだろう。しかしそうであっても、言語情報と絵画的な情報とは、ぴったりとは一致しないはずだ。この本では、意識的に、「分け合い」がなされているように感じた。この時期、出版にどのくらいの制限、さらにいえば「圧力」的なものがかかっていたのか、具体的にはわからないけれども、この本のようでなければ「幼年文庫」といえども出版できなかったということがあるのだろうか。そしてまた、巖谷小波の句が床の間にかけられているということは、巖谷小波がそのようにとらえられていたという「同時代評」とみることができそうだ。

注文しておいた岡崎京子の『リバーズ・エッジ』(一九九四年、宝島社)が届いていた。

二月一〇日(土)晴れ　——詩を「描く」ということ

入試の合格者判定会議があって大学へ行く。

『図書』二月号の表紙は司修描くところの「猫町」だった。「萩原朔太郎の『猫町』を、前橋市の公立小学校の生徒たちに、それぞれの場面を絵に描いてもらった」ところ「現代詩は難しいという壁は崩れました。小学生の描いた『猫町』の絵は、理解ではなく、朔太郎の詩心に入りこんだものでした。数千枚を超える絵には、散文詩の説明ではない、小学生の詩神が表わされていました。詩を読んだあと説明のしようのない感動が身体の中を走り抜けるのに似た映像といえるのではないか。思いもよらないイメージは、大人になったら忘れてしまうのかもしれませんが」とあった。司修の文章はこの後がさらに衝撃的であるが、それは措く。

筆者は大学の演習の授業で、北原白秋の詩を学生とともによみ、学生には担当の詩をよんで感じたことを絵に描いてもらっている。時として、そこに学生の「思いもよらないイメージ」が表出することがある。詩をよむ、ということは詩作品と自分との間に、何らかの「回路」をつくる、ということではないかと思う。「インスパイア」というような語を安易に使いたくはないが、詩作品に触れて、自身の内部に何かがうまれたり、わきあがってきたりする。それをある程度「確保」しておく。そういうことを繰り返していくうちに、さまざまな「触手」をもつことができるようになる。「詩をよむ」ということは「あらすじ」を知ることではまったくないだろうと思う。

二月一三日（火）晴れ　――白秋の旅ふたたび

「白秋の旅」二回目。今日は小田原方面をまわった。白秋が「木兎の家」と名付けた家（関東大震災で半壊）があった伝肇寺《でんじょうじ》と併設されている「みみづく幼稚園」をまず訪れた。園児たちが大きな声で白秋の童謡を歌っていた。後には、「木兎の家」の隣に三階建ての洋館を建てるのだが、その上棟式の日に二度目の妻章子が出奔するという「事件」が起こる。上棟式の二次会が開かれた料亭花菱（第二次世界大戦の空襲で全焼）の跡地で営業している洋食店「グリル木の実」でお昼をいただく。カニクリームコロッケがおいしかった。小田原文学館に移動して、展示物などを見せていただく。『まざあ・ぐうす』の原本を初めて見ることができた。

文学館から少し歩いたところが海だったので、海に出てみた。そこから「からたちの花の小径」という、白秋が散歩した小径を含む四キロほどの散策コースを歩く。白秋が「野外劇場の観客席」と呼んだという展望の開けている場所からは、小田原市街が一望できた。まわりは蜜柑畑だ。伝肇寺におりていくところでは眼下に海がひろがっていて、沖に白い船が停泊していた。絵はがきのような、というと紋切り型の表現になってしまうが、そういう「風景」だった。遠くから見た海は深い青で、波がまったく見えないので、静かな海といった感じだ。こういう「風景」を白秋も見たのだろう。

山の中を歩いていた時には、竹林が多いことに気づいた。自然のままの竹林には、だんだん枯れていく竹も混じり、風が吹くと葉擦れの音、竹同士がぶつかり合う乾いた音が鳴り響き、竹林にも「音」があることに気づいた。白秋は小田原で三度目の妻佐藤キク（通称、菊子）と結婚し、大正一一（一九二二）年三月二九日には長男の隆太郎が、大正一四年の六月二八日には長女篁子《こうこ》がうまれる。長女の「篁」の訓は「たかむら」だ。白秋は関東大震災で「白秋山荘」が半壊した後、しばらく竹林で生活していたという。そうしたことが長女の名付けにかかわっているのかもしれない。

二月一四日（水）晴れ　――「ハブ」と「ハニュウ」

昨日国民栄誉賞の授与式が行なわれたことを新聞が報じている。羽生善治と井山裕太の二人だが、平昌オリンピックでは羽生結弦選手が話題になっている。羽生善治は「ハブ」で羽生結弦は「ハニュウ」だ。「ハニュウ」について『日本国語大辞典』は「(「生(ふ)」は一面にそれを産する場所)埴(はに)のある土地。また、埴」と説明している。草木が生い茂っている場所も「フ」だ。「粟」が生い茂っていれば「粟生(アワフ)」、「茅《ちがや》」が生い茂っていれば「茅生(チフ)」だ。現代語では「芝生(シバフ)」がある。「ハニフ」は一一世紀頃に起こった「ハ行転呼音現象」によって「ハニウ」という発音に変わり、そこから拗長音化して「ハニュウ」という発音になったと思われる。

だが「ハニフ」という発音が一律に「ハニウ」になっていったとは限らない。例えば、下総国《しもうさ》(千葉県)北東部の旧郡名に「ハブ」がある。一〇世紀頃に成った『和名類聚抄《わみょうるいじゅうしょう》』にはその「埴生」に「波牟布」とある。「波牟布」は「ハムフ」と「よめる」。「牟」が撥音をあらわしているのであれば、「ハンフ」だ。こういう場合撥音の後ろは濁音化しやすいので(濁音の前に撥音が入りやすい)、「ハンブ」である可能性がたかい。この「ハンブ」から「ハブ」という発音がうまれたと考えるのがもっとも自然だろう。一つの発音から異なる変化形がうまれる例といってよさそうだ。

修士論文の口述試験があるので、大学に行く。

二月一五日(木)晴れ　――　『御成敗式目』購入

新聞に浅草の凌雲閣の遺構が発見されたという記事が載せられていた。現場の保存などはしないということで、発掘されたレンガは希望者に配布されたとのこと。知っていたらもらいに行ったのに残念だ。

少し前に高校の学習指導要領の改訂案が発表された。国語の必修科目が「国語総合」から「現代の国語」と「言語文化」との二つに変わるという案だ。「言語文化」の説明には「伝統的な言語文化に関する指導を充実させ、中学の書写との接続を意識し、文字が漢字から仮名へ変化する事項を新たに設けた」とある。文字としてのことよりも、もう少しひろく「仮名がうまれてどうなったか」ということを考える必要があるだろう。

先日注文して届いていた和本を少しみる。『御成敗式目』を二種類購入したが、これは今書いている原稿にかかわるかと思ってのことだ。『御成敗式目』は貞永《じょうえい》元（一二三二）年八月に制定された、鎌倉幕府の基本法典であるが、江戸時代には素読や手習いの手本として用いられるようになった。このテキストは「式目抄」すなわち式目に注釈を加えたもので、上部欄外には墨で「落書き」のようなものが数多く記されており、手習いのテキストとして使用されていたことを窺わせる。

こうしたテキストが寺子屋のような教育機関で使われた場合、文字学習を超えて「内容」にまでふみこんでいたかどうかはわからないけれども、『御成敗式目』をテキストとしていた、ということは驚きといえば驚きだ。

二月一六日（金）晴れ　――添削していた読者

届いていた佐藤春夫『環境』（一九四三年、実業之日本社）を少し読む。本の表紙の桃の画は息子方哉《まさや》の誕生を祝して佐藤春夫が描いたもので、裏表紙には「方哉は日本一の／せかれなり」とある。方哉は佐藤春夫が谷崎潤一郎の先妻千代と結婚してうまれた子である。

入手した『環境』には鉛筆で書き込みがされているが、それがいわば「文章チェック」をしている。

例えば、「日記を長い間書きつづけて、一生の事をおぼえて置かうとする人はよくあるけれど、一生にもらつた手紙をみな集めて持つてゐる人はあまり聞かないけれど、それが出来たらめづらしいし、きつとみんな羨ましがるよ」(一〇頁)の行りでは、「よくあるけれど」「聞かないけれど」の「けれど」に鉛筆で線が引かれていて、「聞かないけれど」を「聞かない。」と訂正している。誰がこの書き込みをしたかはもちろんわからないが、こうした「読み方」をしていた人がいた。

二月一七日(土)晴れ ――『リバーズ・エッジ』の「海の匂い」

大学院の入学試験があった。今年度修士課程を修了した教え子が博士課程を受験した。

岡崎京子『リバーズ・エッジ』読了。作品の中に「平坦な戦場」という表現が使われている。作品が発表されたのが一九九四年だから、今から二四年も前ということになる。Windows 95 が発売される一年前だ。なにか感覚的なきっかけがないと、その時の「気分」や雰囲気を思い出すのが難しい。

「こっから海はそんなに近くないんだけど/たしかに海の匂いがした/汽笛の音も確かに聞こえた」(一六頁)という表現と、それとほとんど同じ「ここから海はそんなに/近くないんだけど/たしかに海の匂いがした/汽笛の音も確かに聞こえた」(二三一頁)という表現とがあった。筆者も、自宅マンションのそばの川沿いを歩いていた時に、確かに海の匂いがしたことがある。もっともその川は少し先で海に流れ込んでいると思われるので、満潮時に、川に海水が流れ込んでいるだけのことだろう。それでも、それは意外な感じだった。他にも一度、それは海からは相当に遠い川沿いで、海の匂いを感じたことがあったように記憶しているが、それがどこか、いつのことだったか、今となってはわからない。しかしそういうことはあるのだと思う。

二月一八日（日）晴れ　――「普遍性」って何？

白秋の取材で知り合った編集者の方が、筆者と同じようなトラッドミュージックが好きだということがいろいろと話をしているうちにわかり、その話題でちょっと盛り上がった。

筆者はイギリスのトラッド（ブリティッシュトラッド）が好きで、中学生の頃から聴き始めていた。編集者の方は、筆者とは二〇ほど年齢が離れているが、リバイバルされた時期に「はまった」とのこと。最近はあまりトラッドを聴いていなかったのだが、そんなこともあって、少しインターネットで調べてみると、かつては購入することができなかった（あるいは情報が乏しくてよくわかっていなかった）ようなアーティストのCDが購入できるようになっていることもわかり、ヴァシュティ・バニアンという女性ボーカリストの、かつては幻の名盤とされていた『Just Another Diamond Day』と、メロウ・キャンドルというアーティストの『Swaddling Songs（抱擁の歌）』とを購入した。前者では筆者の好きなアーティスト「フェアポート・コンベンション」のデイブ・スワーブリックとサイモン・ニコルが、フィドル、バンジョーの演奏で参加している。なかなかいい。「懐かしい」というのはおかしいが、高校生ぐらいの時に聴きたかった。

『文學界』の三月号が「大特集　岡崎京子は不滅である」を組んでおり、映画『リバーズ・エッジ』でハルナ役を演じる二階堂ふみと吉本ばななとの対談が載せられている。二階堂ふみは『リバーズ・エッジ』が発表された一九九四年生まれ、吉本ばななは一九六四年生まれ。吉本ばななは三〇歳の時に

『リバーズ・エッジ』を読んでいることになる。

対談のタイトルは「『リバーズ・エッジ』の普遍性」で、この場合の「普遍性」とはどういう「普遍性」かと思ったので、『文學界』を購入した。対談中で、吉本ばななは「九〇年代の雰囲気が濃厚な原作を、もっと後の世代である二階堂さんが演じるにあたって不安はありませんでしたか」(一五頁)という質問をしている。これに対して二階堂ふみは、「十代ならではの一過性の気持ちや、生きていることをないがしろにする感じというのは、普遍的なものとしてあると思うんです。それが『リバーズ・エッジ』にも通底しているんじゃないかな、って」と答え、吉本ばななも「ちょっと荒れた気持ちになって、自暴自棄になって……みたいなのは、いつの時代の若者にもありますものね」と応じている。「そういう(もっとも普通の)普遍性なのか」と、いわば拍子抜けした。

それはもちろんそうだろうけれども、これは『源氏物語』を読んで、「いつの時代にも男女の気持ちは変わらないと思いました」という「感想」にちかい。特に、今が二〇一八年、『リバーズ・エッジ』が発表されたのが一九九四年、その間に二四年、つまり四半世紀にちかい時間が流れていて、それでどうか、ということからすると、やはり「拍子抜け」といわざるをえない。『リバーズ・エッジ』を分析対象として卒業論文を書くことは十分にできると思うが、その結論が「荒れた若者をよく描いている」ということでは合格点はもらえないだろう。

二月一九日(月)晴れ ——「調子」って何?

卒業判定の教授会があった。

平昌オリンピックのスピードスケート女子五〇〇メートルで小平奈緒選手が金メダルを獲得した。スピードスケート女子では初ということだ。新聞に「技術　言葉にして積み上げた」という見出しの記事が載せられていて、記事中には「自分の頭の中を整理しながらスケート技術を言語化し、「氷と対話しながら技術的なものを積み上げてこられた」と話す」とある。スポーツのように「技術」と呼ばれるようなものがある場合には、言語化できるかどうか、しようとしているかどうかが大事だと思う。筆者はせいぜい中学校、高等学校で運動部(卓球)を経験したぐらいだから、とてもとてもレベルが違いすぎて話にならないが、それでも言語化の重要性はわかる。今打ったスマッシュがなぜ入らなかったか、それを考え、言語化しなければ、いつまでたっても「調子がいい時は入るが、調子が悪いと入らない」ということを繰り返すことになる。そもそも「調子がいい」「調子が悪い」だって、スマッシュが入ったか入らなかったかで、そう思い込んでいるだけ、ともいえる。「調子」って何?ということだ。

「コミュニケーション」もよく使われる語であるが、意思疎通ということだけだったら、それほどたいへんなことでもない。言語を媒介としない「コミュニケーション」だってあるのだから、簡単なことであれば、なんとかなる。だからそうではなくて、どこまで細かい「情報」をやりとりできるか、ということだろう。「やりとり」だから、自身が伝えたい「情報」が細かいところまで相手に伝わる、相手の発した「情報」が細部まで理解できるということだ。

二月二四日(土)晴れ　――文豪の声

今年度末で退職する同僚の最終講義なので大学に行った。一〇年後には筆者も退職であるが、その時にはどんな気持ち、どんな状態でいるだろうかと思った。筆者のゼミの卒業生も何人か来ていたので、久しぶりに話ができてよかった。

新聞の「読書」面に連載されていた「文豪の朗読」が本になったので（『文豪の朗読』二〇一八年、朝日選書）、さっそく購入した。文豪が自作を朗読した音源を現代の作家などが聴いて、作品の魅力を探るというもので、連載を読んでいる時から音源そのものを聴いてみたいと思っていた。二〇一八年二月九日から一年間の期間限定でインターネット上に一部が公開されるとのことなので、三島由紀夫の「旅の絵本」を聴いてみた。聴き手である山下澄人は「三島由紀夫の声がぼくには大人の声に聞こえない。育ちの良い、とても成績の良い、まわりが馬鹿に思えて仕方のない、大人には何かと気に障る生意気な、しかし小さな頃はとてもおとなしい、からだの弱い、そんな少年が虚勢を張りながら出す声に聞こえる」（二七八頁）と記している。実際に聴いてみると、そういう感じがすると思う一方で、いやそれは、三島由紀夫について、すでにいろいろなことを知っているから、それを全部声から聞き取ろうとしてしまうからではないかとも思う。「虚心坦懐」に三島由紀夫の声を聴いた時に、それをなんと表現すればよいか、案外と難しい。

二月一三日に北原白秋の取材で小田原に行った時に、北原白秋が自分の作品を朗読しているレコードがあったことを知った。レコードから録音したカセットテープを聴かせていただいたが、ぼそぼそとした感じで「朗読」らしくないといえばらしくなかった。声は身体性ということからすれば、字などよりも高い身体性を示しそうであるが、それを言語化するのは難しそうだ。

二月二五日（日）晴れ　――為永春水自筆稿本

昨日大学に来ていた「浅倉屋書目」をみる。為永春水自筆稿本の『寿金大帳』（一三丁分）は四八万六〇〇〇円、市島春城《いちしましゅんじょう》の旧蔵本だ。三世十返舎一九（三亭春馬）の『奥羽一覧道中膝栗毛第二編巻之下』（一九丁）の自筆草稿本が一九万四四〇〇円、柳泉亭種正の『傾城屋花刀屋平七　投嶋田えにしの丈長前編』（二一丁）が二一万六〇〇〇円。これは見世物研究で知られる朝倉無声《むせい》の旧蔵本で「移山《いざん》文庫」印がおされている。どれも個人で購入するには高価で手がでないが、このような自筆稿本と実際に印刷出版された本との違い、特に表記面での違いには興味がある。

長崎版画の「阿蘭陀戦船図」「唐船図」「魯西亜本船之図」「阿蘭陀船入津之図」（以上、文錦堂板）などは、長崎にオランダ船、唐船などが訪れていたことを示している。最後の図は上部にアルファベットが記されている。

同じく長崎版画の象が描かれている「象図」には「文化十年六月二十七日入津オランダ船ヨリ連渡」と記されている。一〇三という番号が附されている慶安五（一六五二）年刊『飛鳥川』には「漆山文庫・待買堂蔵印」と記されているが、「待買堂」は「待賈堂」の誤りであろう。図からははっきりとはわからないが、「待賈堂」の特徴のある俵型の印が見えている。浅倉屋としてはこういう誤りは珍しい。筆者は、大英図書館蔵の『落葉集』にこの「待賈堂」の印がおされていることを、おそらく大学院の頃に知り、それからこの書肆名が記憶に残っていた。「待賈堂」は岩本五一《ごいち》のことで、江戸時代の里俗の珍書を集めた叢書「燕石十種《えんせきじっしゅ》」の編集者でもある。達磨屋《だるまや》五一（吾一）とも称することがある。「漆山文庫」

は漆山順次の蔵書印。現在では国文学研究資料館が蔵書印データベースを公開しているので、こうしたことも調べやすくなった。この一つ前には浅井了意の『新語園』(天和二〈一六八二〉年刊)が掲げられているが、こちらには江戸後期の大商人にして書籍収集家だった小津桂窓《けいそう》の蔵書印である「西荘文庫《せいそう》」印がおされている。かつて岩本五一や小津桂窓が蔵していた本は、「筋のいい」本であろうし、それだけの「歴史」をもっているとみることができる。

購入することができなくても、古書肆の目録からいろいろなことを学ぶことができる。だから目録もなかなか捨てられないが、そうして目録を持っているとどんどん増えていってしまうのが悩みの種だ。

二月二六日(月)晴れ ——八〇〇万円の辞書

三月二三日から東京交通会館で開催される「国際稀覯本フェア二〇一八 日本の古書 世界の古書」の目録が届く。毎年行なわれているフェアであるが、ここに出品されているのは個人で購入するようなものではないので、目録で「目の保養」という感じだ。その中に、一八八〇年頃にライプチッヒあたりで刊行された歌曲選集の表の表紙にバーン＝ジョーンズの油彩肉筆画「オルフェス」が描かれていて、イギリス首相のグラッドストーンに宛てられた献呈書翰が付いているというものがあった。九〇〇万円。「ううむ」としかいいようがない。

(勝手に東西対抗に仕立てるとすると)これに対抗するものとしては、わが国最初の活字版英和辞書とされる『英和対訳袖珍辞書』の初版(文久二〈一八六二〉年版)、慶応二(一八六六)年版、慶応三年版、明治二(一八六九)年版の四冊セット八六四万円だろうか。これは昨年一一月に行なわれた古典籍のオークションに出品されていたもので、その時に、こんなすごいものが出品されていると、指導している大学院生に図録を見せたものだ。したがって、今回出品している書肆が落札したことになる。大学院生に、どのくらいで落札されるのでしょうか、と聞かれたので、筆者の予想は五〇〇万と答えた。今回八〇〇万（六四万は消費税！）で出品されているので、予想は当たらずといえども遠からず、だろう。六〇〇万ぐらいだったのだろうか。

初版は、現在一九冊しか存在が確認されていない。今回出品されているものは、その一九冊に含まれている、辞書のコレクターとして知られている惣郷正明が旧蔵していたものだ。この本を底本として、かつて複製が作られた。筆者もその複製を使用している。おそらくこの初版が五〇〇万ちかくて、他の三冊は、そういうと三冊に気の毒だけれども、「おまけ」みたいなものだろう。ただし、三冊のうちの一冊は、やはり惣郷正明の旧蔵本、もう一冊はやはりコレクターとして知られる牧治三郎《まきじさぶろう》の「禁出門治三郎文庫」の蔵書印がおされているもので、「筋のいい」本だ。購入してから「惣郷文庫」や「禁出門　治三郎文庫」の蔵書印がおされていることがわかると「いい本を購入できた」という気持ちになる。

しかし、筆者は対価を支払ってこうした本を購入するわけだが、前にも書いたように、「この世での一時預かり人」だとつねに自覚している。しばしば私の手元に置かせてもらいますが、いずれまたどなたかに託するものなので、なるべくいいコンディションを保つようにしています、という感じだ。

二月二七日（火）晴れ　――新たな情報格差

新聞の「オピニオン」面によれば、スマートフォンが便利になりすぎて、パソコンに触ったことがない学生が増えているという。こうした現象を記事では「新たなデジタルディバイド（情報格差）」と呼んでいる。「情報格差」は、かつてはパソコンが自宅にない、ノートパソコンを所持していない、ということで、大学もパソコンを備えた教室を準備する、ノートパソコンを貸し出すという対応をしたが、筆者が勤務する大学ではパソコン室をなくす方向に動き始めた。

社会は、ある世代を軸に進行していくような面がある。軸になっていない世代、例えばその世代よりも年齢が高い世代には、軸世代の「常識」が備わっていない。そこを自分の努力でうめていくことにも限界がある。筆者の世代はかろうじてＬＩＮＥを使うことができる世代ということなのか、ＬＩＮＥを使うと言うと若い世代の人に「えらいですね」と言われることがある。「あなたの世代でＬＩＮＥが使えるとは」が省略されているのだろう。そういう世代間の「情報格差」があるのは事実だ。とはいえ、そういう時「ＬＩＮＥが使えるぐらいで誉められてもうれしくないぞ」と思う。

新聞の第一面には「平昌メダリスト　百花繚乱」という見出しと「年収も改ざんし水増し」という見出しとが並ぶ。「百花繚乱」の「繚」字も「改竄」の「竄」字も常用漢字表には載せられていない。しかし「繚」字は使い、「竄」字は使わない。とがめているのではない。筆者としては、常用漢字表は目安だから、必要以上に縛られる必要はないと思っている。しかし、新聞の場合は、常用漢字表にかなり準拠していると感じる。となると、右のようなことが「どうして？」と気になる。

三月　「ソらまめ」複雑なり

『赤い霊魂』倉田百三著、岩波書店、1926年

三月二日（金）晴れ　――「神話の声、非人称の声」

筆者には、書物を購入するための幾つかの「ルート」がある。古書展目録、書肆が出している古書目録などの目録類からの注文。これは抽選になる場合もあるから、必ず入手できるとは限らない。時々、今までに注文した書物がすべて入手できていたら、という夢想をすることがある。どんなに素晴らしいだろう。それと同時にどれだけ出費することになっただろう。

現在ではインターネットから本の注文ができる。「Amazon」をその代表として、他にも幾つかある。新本も古書も注文できる。古書の専門サイトもある。こうしたインターネット経由の注文が「ルート」の一つで、あとは大学の学科研究室を通して、大学に入っている書店に注文を出すという「ルート」があり、神田などに行って大型店舗の書店の棚を眺める、というやりかたがある。出版情報には気をつけているつもりであっても、必ず見逃している本があるので、理想をいえば一カ月に一回ぐらいは大型店舗に行くのがよいが、二カ月ぶりとか三カ月ぶりになってしまうこともある。今はたくさん購入すると送料無料で配達してくれるサービスをしているところもあるので、便利だ。

その学科研究室ルートで國分俊宏『ミシェル・ファルドゥーリス＝ラグランジュ　神話の声、非人称の声』（二〇一七年、水声社）が届いていたので、昨日持ち帰った。「シュルレアリスムの25時」というシリーズの第二期という。水声社はいい本を出版している印象があるので、出版物には注意している。この本は新聞広告で見つけた。シュルレアリスムの本がシリーズになって出版されているのに少し驚いたが、この本はいわば副題で買った。「神話」というと日本では、『古事記』や『風土記』ということになるだろうが、そうしたものをかたちづくる「非人称の声」には興味がある。興味があるというよりは、そのことは「歴史を語る（歴史を記述する）」ということと深くかかわるのではないかと思っている。

第五章「神話の声、非人称の声」の冒頭には次のようにあった。「ミシェル・ファルドゥーリス＝ラグランジュの作品の中には、いくつもの声が多層的に流れている。『メモラビリア』に付した序文の中で、ロベール・ルベルはファルドゥーリス＝ラグランジュのテクストは「ディスクール」ではなくむしろモノローグ、いやもっと言えば語り《レチタティーヴォ》である。したがって、ただ読むだけでなく、そのテクストを聴く必要がある」と書いて、その作品の「口頭性《オラリテ》」に注意を促している。だが、モノローグという言い方には語弊がある。なぜなら、われわれの考えでは、その声は厳密に言うならば一つではなく、複数であるからだ。単に登場人物の数だけ声があるということではない。いわゆる地の文の中にさえ、いくつもの錯綜する声があるかのようなのだ」（一六三〜一六四頁）。

そして「多声性」という表現も使われている。ただし「ポリフォニー」という表現は使われていないので、國分俊宏が「多声性」をどのように考えているのか、ミハイル・バフチンの思想とはかかわるのか、かかわらないのか、知りたいところだ。いずれにせよ興味深い。あまりそういう読み方はしないのだが、この本はこの第五章から読み始めようと思う。

三月四日（日）晴れ ――「フィファチ」を調べる

二月二八日のNHKの「あさイチ」で沖縄のコショウ、「ヒハツ」が紹介されていた。「ヒハツモドキ」まであった。「モドキ」が日本語だから、「ヒハツ」とはどういう語だろうかと思ってメモをしておいた。今調べてみると、沖縄では「フィファチ」という商品名で売られているものもあるとのこと。日本語のハ行音は、江戸時代頃までは「ファ・フィ・フ・フェ・フォ」だった。沖縄の商品名「フィファチ」は非常に興味深い。『日本国語大辞典』を調べてみると、ちゃんと見出し「ひはつ」があって、次のように記されている。

ひはつ【華茇・華撥】〔名〕コショウ科のつる性植物。ジャワ、マライに産する。コショウに似ているが果実が軸に癒着する。果実は精油を含み、辛味性健胃薬や蠅取薬に、葉は興奮剤に用いられる。学名はPiper officinarum ＊いろは字〔1559〕「華撥　ヒハツ　薬也」＊日葡辞書〔1603-04〕「Fifat（ヒハツ）〈訳〉シナから渡来する薬の一つ」

『日葡辞書』の「Fifat」は「フィファチ」にちかい発音になる。

二月二五日の新聞の「読書」面に白石雅彦『「ウルトラセブン」の帰還』（二〇一七年、双葉社）の書評がでていたので、購入した。「ウルトラセブン」は一九六七年一〇月から一九六八年九月にかけて四九回放送されたとのこと。この時筆者は九歳から一〇歳、小学校三年生から四年生にかけてだ。筆者は「ウルトラセブン」の前の「ウルトラマン」は熱心に見ていたが、「ウルトラセブン」はそれほど見ていないように思う。「ウルトラマン」は怪獣がでてくるが、「ウルトラセブン」は宇宙人が多い。そのせいもあったかもしれないが、どうやら内容が高度だったようだ。誰が脚本を書いていたか、というようなことを当時、知るよしもなく、沖縄出身の金城哲夫が「ウルトラマン」のメフィラス星人の脚本を書いていたことなどはあとから知った。

それにしても、子供がすぐには理解できないような内容が子供向けの番組で放送されていたとすれば、それはむしろ喜ぶべきことではないだろうか。現在は、といえば、大人向けの番組が子供でもわかるようなものになっていないか。

三月五日(月)晴れ ――「タタラ」連想

日曜日の朝にNHKで放送されている「小さな旅」は、日本各地を採りあげていて、静かに落ち着いて楽しめる(今では数少ない)番組なので、録画して見逃さないようにしている。昨日は島根県奥出雲町の「たたら製鉄」のことが採りあげられていた。谷川健一は『青銅の神の足跡』(一九七九年、集英社)において、隻眼の伝承がある地域と古代の鍛冶場の分布が重なることに注目している。『もののけ姫』にもたたら場が描かれている。

番組ではたたら場の監督者として「ムラゲ(村下)」が紹介されていた。『日本国語大辞典』は見出し「むらげ」を「中国地方の古風な製鉄工程で、砂鉄を炉に入れる役目の者をいう」と説明している。「古風な製鉄工程」が「たたら製鉄」であろう。もう少し説明してもいいように思う。

番組中で「ケラ」という語が使われていた。この語も『日本国語大辞典』は見出しとしている。

けら【鉧】〔名〕日本古来の、砂鉄から製鉄するたたら吹きで造られる、海綿状の和鋼（わはがね）。＊小学読本（1874）〈榊原・那珂・稲垣〉二「再煉る事一週日にして流出るを鉧（ケラ）といふ」

使用例としてあげられている『小学読本』は明治七年のもので、国定教科書ではない。「鉧」はみるからに国字（和製漢字）にみえるが、実はこの字は中国にもあって（といういいかたはおかしいが）〈ひのし〉という字義をもっている。したがって、新井白石が『同文通考《どうぶんつうこう》』で使った用語でいえば、「国訓」ということになる。「準国字」といってよい。まず「ケラ」ができて、それから鉄を作っていくということで、「金の母」だ。

本来は、炉に空気を送りこむためのふいごが「タタラ」で、「たたらをふむ」という表現もここからうまれている。「タタラ」が和語であるかどうかということもはっきりとしていないが、和語であるとしたら、どう分解できるか。その一方で、発音が「タタラ」になる名（多々良・多田羅）もあり、神武天皇の皇后は「媛蹈鞴五十鈴媛命（ヒメタタライスズヒメノミコト）」だ（『日本書紀』の表記。『古事記』においては、「比売多多良伊須気余理比売（ヒメタタライスケヨリヒメ）」）。

「タタラ」という語からいろいろなことに想像が飛ぶ。

三月六日（火）晴れ　――「ソらまめ」複雑なり

スーパーマーケットでソラマメを買ってきた。ビニールの袋に入れられていたが、そこに「蚕豆」というラベルが附されていた。今まで何も気にしたことはなかったが、常用漢字表が「蚕」に認めている和訓は「かいこ」だ。「あれ?」と思って調べてみると、なかなか複雑だった。

常用漢字表が「蚕」をあげて、後ろに丸括弧に入れて「蠶」字を示していることからわかるように、「蠶」が「康熙字典体」である。『大漢和辞典』巻一〇の九頁に「蚕」字が見出しとして掲げられているが、字義としては〈みみず〉とある。そして、「参考」をみると、「蚕」と「蠶」とは元来別の漢字であったことがわかる。

次に「ソラマメ」という植物と漢字列「蚕豆」との結びつきである。中国語「蠶豆(サントウ)」が日本の「ソラマメ」にあたる、ということだ。植物学的にみて、どの程度「同じ」なのかはわからないので「あたる」と表現しておく。「蚕」という字をみて、もともとの字義が〈みみず〉であることがわかる人はほとんどいないであろうから、それはいいとして、しかし常用漢字表の和訓が「かいこ」であることは多くの人が知っているはずだ。それで、「蚕豆」という漢字列が「ソラマメ」にあてられていることに、(今はやりの表現を使えば)「違和感」を感じる人は多くないのだろうか。いや、筆者も何も思わずに買ってきたのだから、そこまでみている人はいないのだろう。

このことについて調べていて、(もっと早く気づくべきだった)あることに気づいた。それは『日本国語大辞典』にかかわることであるが、同辞典の見出し「そらまめ」には幾つかの文献の使用例があげられていた。その中に『多《た》識編《しきへん》』という寛永八(一六三一)年に刊行されている本草学的な辞書からの「蚕豆　曾良末米(ソらまめ)　異名胡豆」という例がある。『多識編』には版本が何種類かあるが、寛永八年に出版された整版本がこの引用のもとだろうと思うので、そのように前提する。この版本は写真版が出版されているので、その写真版で確認すると「蠶豆　曽良末米　異名　胡豆」（巻三、三丁表）とある。そして「曽」の右側に「ソ」と振仮名が施されている。『日本国語大辞典』の「ソらまめ」という、ちょっとかわったかたちは、版本の状況に対応させるためのかたちだと思われるが、読み手はそれがわかるだろうか。中には誤植だと思う人もいるかもしれない。

『多識編』では「蠶」字を使いながら「曽」字を使う、という、これまた（予想もしない、とまではいわないが）いささか予想しにくい漢字使用をしていた。おもしろいか、おもしろくないか、といえば筆者にとっては文句なく「おもしろい」。やはりなんでも丁寧に調べてみないといけない、という思いを強くした。

過去においては康熙字典体が統一的に使われ、現在は常用漢字表、というような単純な図式はまったく成立しない。

三月七日（水）曇り　――オランダ語辞典購入

英和辞書、和英辞書の日本語に注目して、両辞書の成立と展開を論じていくという一書の原稿を書き始めた。英和辞書、和英辞書の日本語を追いかけてみる、といったほうがよいかもしれない。

英和辞書、和英辞書は改めていうまでもなく、二言語対訳辞書だから、それについて述べるのであれば、両言語に通じていることが求められる。「通じている」をどのようなレベルでのこととするか、であるが、日本語を母語として英語に堪能な「日本人」は多いだろう。英語を母語として日本語に堪能な英語圏の人もいるだろう。そういう人が、右のようなテーマの本を書く可能性はある。いっぽう、「日本語を母語としている」ということを超えて日本語に「通じている」となれば、日本語の分析をしている人ということになる。つまり、いろいろな人が書く可能性のあるテーマを筆者(のような者)が書く、ということだ。「立場」が異なる人が書けば、また書き方は違ってくる。それを承知の上で、ということで、無謀といえば無謀、しかしまあ自分にできる範囲で、書き進めていければ、と思う。

「蘭学」が江戸時代中期ぐらいから盛んになったことは日本史で学習する。福沢諭吉が緒方洪庵の適塾でオランダ語を学んでいた頃のことが『福翁自伝』に活写されていてなかなかおもしろい。その『福翁自伝』に、諭吉が横浜に行った時に、オランダ語がまったく通ぜず、看板も読めなくて落胆することも記されている。それをきっかけに福沢諭吉は英語を学習し始める。初期の英和辞書はオランダ語を媒介にしてつくられた。いろいろなことがわかってきており、『ハルマ和解《わげ》』と呼ばれたオランダ語日本語対訳辞書がフランソワ・ハルマの『蘭仏辞典』第二版をもとにつくられたことが指摘されている。

このフランソワ・ハルマの『蘭仏辞典』と『仏蘭辞典』とをかつて古書目録でみつけ、少々無理をお願いして勤務先の大学で購入してもらった。今回原稿を書くためにこの『蘭仏辞典』をゆっくりとみたが、コンディションの良い本だった。オランダ語を確認する必要もあるだろうと思って、『オランダ語辞典』(一九九四年、講談社)を購入した。急に使いこなせるはずもないが、それでも、辞書があるのとないのとは大違いだ。

三月八日(木)小雨 ——「災後」の変化

三月一一日が近付いてきているためだろうか、テレビや新聞で東日本大震災にかかわる報道が増えてきたように感じる。ということは、ふだんはそうした報道がされていないということだろう。なんでも「忘れやすい」国だと思うことが少なくない。新聞の「東日本大震災七年」という特集シリーズでは、「生き方見つめる　災後の歩み」という大きな見出しの下、作家の桐野夏生、映画監督の大林宣彦、瀬戸内寂聴のことばが載せられていた。桐野夏生は「震災後に日本を覆っているのは、前向きな気持ちを挫《くじ》く閉塞《へいそく》感だと思います」、「物書き」として、表現への圧力が強まることをおそれています」と述べている。「災後」を『日本国語大辞典』で調べると次のようにあった。

さいご【災後】〔名〕(一)災害が起こった後。災害後。＊米欧回覧実記(1877)〈久米邦武〉一・八「災後より已に四ケ月、逐次に屋を修め、已に完成せるもあれど」(二)特に、関東大震災以後をいう。震災後。＊女工哀史(1925)〈細井和喜蔵〉一一・三二「右多数工場の死傷者は災後未だ日浅き今日、其の数を知ることが出来ない」

〈災害の後〉という語義の「サイゴ(災後)」が、具体的な(かつ甚大な被害をもたらした)災害の後には、その特定の災害に使われることが多くなっていくのは自然だろう。その「特定の災害」はずっと関東大震災だったが、それが東日本大震災になったということかもしれない。

三月一〇日(土)晴れ　――日本で最初の官版英和辞書

今日は一九四五年の東京大空襲の日だ。

英和辞書についての原稿を一日中書いていた。日本で最初の官版英和辞書は文久二(一八六二)年に出版された『英和対訳袖珍辞書』だ。辞書の編纂は安政四〜六(一八五七〜五九)年頃には開始されていたという推測がある。蘭英辞書を参照しながらつくられたこともわかっている。二〇〇七年には初版の草稿の一部が発見された。発見した古書肆が懇意にしている古書肆だったので、メールでいろいろ話し、影印としての出版を勧めた。ほかにも影印出版を勧めた方はいたと思うが、その結果、『英和對譯袖珍辭書原稿影印』(二〇〇七年、名雲書店)として出版された。「はしがき」の「ある研究者」は筆者のことだ。

三月一一日(日)晴れ　――古書の背後に

東日本大震災から七年が経った。七年前の三月一一日は、学位授与式(卒業式)の予行練習のために、四年生が大学に集まっていた。そこに地震があり、学生たちは大学に宿泊することになった。筆者は横浜の自宅にいたが、強い揺れの後、停電してしまった。コンビニエンスストアに蠟燭を買いに行ったが、その時にもまた強い揺れがあり、その日は夜も停電のままだった。蠟燭をつけて自宅にいて、大学に泊まっているゼミの学生たちとメールをした。携帯の充電ができないという大学院生に、研究室に置いてある充電器を使っていいよと言ったことを覚えている。

新聞の「折々のことば」に「世界は人間なしに始まったし、人間なしに終わるだろう」というレヴィ=ストロースの『悲しき熱帯』のことばが引かれていた。鷲田清一は「世界の中で自分が占める位置を知るために、人類は自らの背後にもう一つの眼《め》をもつ必要がある。その眼をフランスの民族学者は、のちに世阿弥の「離見の見」に倣い「はるかなる視線」と呼んだ」と述べている。『悲しき熱帯』を読んだのは大学生の頃だった。今読むとどう感じるだろうか。筆者の大学生の頃は構造主義、記号論が流行し始めた頃だった。

昨日届いていた「玉英堂稀覯本書目」(Number 327)をみる。北原白秋『きょろろ鶯』(一九三五年、書物展望社)の装幀は白山春邦《しらやましゅんぽう》が担当しているが、その表紙画下絵に白秋が「白南風の光葉ののばらすぎにけりかはづのこゑも田にしめりつつ」と書いた、軸装された一幅が載せられていた。しかも、その表紙画下絵は、実際の『きょろろ鶯』の表紙画と微妙に違うという。

古書の目録をみていると「こんなものがあるのか」という驚きと、「どうしてそんなことに?」という疑問が次々とわきあがる。そうした「驚き」と「疑問」についてあれこれと考えることによって、書物等の背後にある「(人間の)動き」を読み解く癖がついていく。少ない情報から全体を探る癖といってもよい。こういうことが案外と大事だと思う。人間が素で想像できることなど限られている。その「証拠」に、想像上の宇宙人の姿は人間に似ているか、地球上に存在する動物等に似ている。実際に経験したことを起点に想像することは当然ではあるが、それには「限界」もある。古書目録は実際に目にし、手にとる本の「限界」を補ってくれる面がある。

三月一二日(月)晴れ　――日本最初の西洋医学書

注文しておいた『増補重訂内科撰要』の写本が届いた。宇田川玄随があらわした日本最初の西洋医学書『西説内科撰要』(全一八巻)を増補したものである。巻一から巻六までの写本だ。なぜこのようなものを購入したかといえば、医学で使われていたことば、特にどのような漢語が使われていたかが気になるからだ。

写本なので少し読みにくいところもあるが、例えば、第一章「熱病ノ大較ヲ論ス」は「熱病ハ隠伏シテ外ニ見レサル所ノ因ヨリ発ル病ナ／リ初候悪寒戦慄シテ面色黲澹萎悴シ脉大抵弱ニシ／テ数ナリ〇次テ大ニ発熱シ総身乾燥シ多クハ渇ヲ／兼ネ脉変シテ疾数ニシテ強面色更ニ赤シテ盈実ス」と始まる。冒頭で使われている「インプク（隠伏）」を『日本国語大辞典』で調べてみると、漢語「インプク（隠伏）」は『後漢書』や『管子《かんし》』で使われている語であるので、古典中国語といってよい。日本では一五世紀頃の『周易抄』で使用例が確認できることもわかる。しかしそれに続く使用例は明治四（一八七一）年になっている。

『日本国語大辞典』を見ていると、中国の古典に使われていて、極端な場合は、その後明治期まで使用例があげられていないような漢語がままある。この「間」が気になる。『日本国語大辞典』は使用例を博捜しているが、それでもなお、あらゆる分野の、あらゆる文献にあたったとはいえないだろう。それは永遠にあたりきれないだろうから、『日本国語大辞典』が努力不足だと主張しようとしているのではさらさらない。そうではなくて、どういう分野の文献だったら、使われていたのか、ということだ。日本の、あるいは日本人の漢語の知識はどの分野に蓄積されていたか、あるいはどの分野でその蓄積が「発露」していたか、ということで、そういうことを少しでもつかみたくて、医学関連の文献を少しずつでもいいからよんでみようという気になった。これもまた「日暮れて道遠し」であることはいうまでもない。

三月一三日（火）晴れ　――「みきみ」に弱い

テレビを見ていたら「ともさかりえ」が出演していた。知っている人だが名前はなんだったかとしばし考えた。この「ともさかりえ」がなかなか覚えられない。平仮名ばかりの名前だったことはわかっても、正確に思い出せない。同様に「つみきみほ」も苦手な名前だ。しかし「いとうあさこ」はそうでもない。例えば「いとうあさこ」は自身の脳内では勝手に「伊藤朝子」というような漢字列と結びつけて記憶しているのではないか?と思った。「ともさかりえ」や「つみきみほ」はよくみかける姓と結びつきにくいのかもしれない。

筆者は「つみきみほ」の「みきみ」の部分が苦手で、この「仮名の対称形」が記憶を妨げているように感じる。漢字と結びつけることで記憶したり理解したりする、という「やりかた」は案外根深いのかもしれない。初対面の人に、「これこれという名前です」と口頭で告げられると、どういう漢字を書くかということを聞きたくなることがある。それも同じような現象ではないか。

三月一五日(木)晴れ　——卒業式のセレモニー

学位授与式(卒業式)の日だ。毎年、午前中に学科の卒業生と記念撮影をし、大学院の修了生と記念撮影をする。学科が五つあるので、午前中いっぱいかかる。サクラはまだ蕾《つぼみ》がうっすらピンク色になってきているぐらいだが、奥庭の楓《ふう》の木は芽吹いていて、その薄い緑色がみずみずしい。

式典は午後一時からで、卒業生の名前を呼んで、学長が一人一人に卒業証書を手渡すので、けっこう時間がかかるが、いい式だ。最初の方に大学院の式典があり、今年は筆者が指導していた大学院生が博士号を授与されるので、筆者と研究科長とでガウンのフードをかぶせるセレモニーがある。かつて、筆者が少し失敗したことがあったので、午前中に研究科長と練習をした。筆者が指導して博士号を取得した大学院生は今年で三人目だ。今年は滑らかにできた。

学内で行なわれる大学院の謝恩会に出席した。会う人ごとに、今年はうまくできてよかったですね、と言われた。三年間あっという間だった。四月からは、この教え子といっしょに幾つかの授業を担当する。夕方からは今年で退職する教員の送別会があった。毎年、この日は忙しい。

三月一六日（金）小雨　――金子兜太と大山祇神社

午後から謝恩会だった。謝恩会では、教員が卒業生にはなむけのことばのようなものを贈る。ここしばらくはいいなと思う詩を読むことにしている。どのくらい記憶に残るのだろうと思っていたら、大学院に進学してきた学生が「けっこう覚えている人がいた」というようなことを言っていたので、よかった。ここしばらくは長田弘の詩を読んでいたので、今年は変えようと思っていろいろ探していたが、谷川俊太郎『うつむく青年』（一九七一年、サンリオ出版）の最後に載せられている「生きる」という詩にした。筆者が所持している本は一九七五年の一一刷りだから、一七歳の時に購入したものだ。

帰宅後、届いていた『週刊読書人』第三二三一号に目を通す。平岡敏夫の死亡記事が載せられていた。復本一郎の書いた金子兜太の追悼記事の中に、金子が二〇〇一年一一月二三日に大三島の大山祇《おおやまづみ》神社に参拝したということが記されている。その時に金子兜太がお守りを買ったという話題だ。この大山祇神社には室町時代に張行《ちょうぎょう》された連歌の懐紙がかなりの数奉納されている。筆者はこの神社の連歌懐紙を使って、室町時代のかなづかい等について調査、分析をした。その際に訪れたので懐かしい。筆者が訪れたのは、一九八九年八月二日で、境内にはアブラゼミの声が鳴り響き、その一方で地面にはセミがいたるところに落ちていた。森厳な雰囲気とアブラゼミの声が印象的だった。

三月一七日（土）晴れ　――日本語の古層

「スポーツ」面には女子ホッケー日本代表「さくらジャパン」の候補選手の写真が載せられていた。こういう場合の「さくらジャパン」というようなネーミングがどうにも気になる。「侍ジャパン」というのもあったように思う。日本代表は「侍」や「サクラ」なのかといつも思う。「こういう場合」は国威高揚とか、そういう語とも無関係ではないだろう。「神風特別攻撃隊」の各隊名が、本居宣長の「しきしまの大和心を人問わばあさひに匂う山桜花」から「敷島隊」「大和隊」「朝日隊」「山桜隊」と命名されたという話もある。サクラは日本の象徴だし、綺麗なんだから別に問題ない、という考え方もあるだろうが、何事もよくよく考えてから、という考え方も当然ある。

夕刊に「考古学の手法応用／湿原「発掘」し再生」という見出しの記事が載せられていた。記事中に「土壌シードバンク」という語が使われていた。「地表で植物が絶滅したかに見えても、種子が保存されている層」をそのように呼ぶとのことだ。「雑木やササを刈り取り、根を引き抜き、シードバンクを露出させて発芽しやすい環境を作る」と植物が復活するという。

日本語が絶滅しかかっている、というと大げさだろうが、少なくともかつて使われていたような日本語は急速に失われていると感じる。視点や焦点の曖昧な、おおざっぱな、一見わかりやすい、しかし精緻な思考には耐えられない「甘い日本語」「甘ったるい日本語」が日々の言語生活を覆っている。その表面をどこまで剝がせば、かつての日本語の層にたどりつくのだろうか。焦点の甘さということに関しては、短歌や俳句をつくったり、よんだりすることが有効ではないかと考えている。東京のサクラが開花。

三月一九日（月）小雨　——出会っていたのに

大学の研究室の引っ越しのために、研究室の片付けをした。今日がその初日。大学院生や学部学生に手伝ってもらう。これを機に処分すべきものは処分しようと思っている。今の大学に勤務して、この三月で丸一九年が経った。

今書いている「英和・和英辞書の成立と展開」の原稿にかかわって、文久二（一八六二）年に初版が出版された『英和対訳袖珍辞書』のことをあれこれと調べ、整理していた。少し前に、初版は国内外に一五冊存在していることが確認されたが、その後さらに四冊が確認され、現在では一九冊存在していることがわかっている。後から確認された四冊の中の一冊は、高知県立牧野植物園内の「牧野文庫」にあった。

「牧野文庫」は牧野富太郎の蔵書をほぼそっくりそのまま受け入れている文庫で、高知大学に勤務している時に伯父山田俊雄を案内して、同僚と訪問した。書庫の中まで入って、本を手にとって見ることができた。その時に、ロプシャイトの『英華字典』があることには気づいたが、『英和対訳袖珍辞書』の初版があることには気づかなかった。もう一度、高知大学で日本語学会が開かれた時に、当時の同僚であった荒尾禎秀先生とともに、高知大学に勤務していた時の同僚であった中森健二先生に案内してもらって「牧野文庫」に入った。この時も気づかなかった。迂闊な話だ。

三月二一日（水）小雨時々雪　――『赤い霊魂』の伏字

春分の日。寒い一日だった。

倉田百三『赤い霊魂』（一九二六年、岩波書店）が届いた。奥付には「大正十五年十一月十日第一刷」とある。「『赤い霊魂』削除箇所に就いて／本書製本後警視庁よりの命により左／記各頁削除いたしました／四七五―四七八／四九九―五〇二／五〇五―五〇六／五〇九―五一〇」という小紙片が表紙見返しの次の頁に貼付されている。実際に、右の頁にあたってみると、「五〇五―五〇六」以外の頁は切り取られた跡があり、「頁削除」されている。「製本後」だからそうするしかないのだろう。五〇五頁には「大衆にその決心があるならば××はすでに疾くに成就／してゐる」と、また五〇六頁には「それにも況して愚かな空想は××の否定だ。××は武器の本質だ。たゝかひのモーター／だ。運命を決するテコだ。××をはなれて一切の戦術は成立せぬ。すべての運動に活を入れ／るものは実に××だ。思へ。事柄はすでに戦ひである。戦ひは敵を倒すことを目的とする。戦ひに××を用ひるなだつて？　馬鹿な！　それなら初めからたゝかふな」と、伏字がある。

巻末の五二二頁には「附記」として「「赤い霊魂」第二部、第四場及び第五場は其の筋の禁止のため掲載することを得ず。作者として実に遺憾に堪へないが止むを得ない。併し第二部第三場迄にても作者の意図の本質及び作の根本精神はかなり充分に現はれて居ると信じるので、一と先づ此れだけ掲載することにした。読者の御諒解を乞ふ」とある。一九二六年はそういう「時局」だったことがわかる。

三月二二日（木）曇り　――歴史は暗記科目か

新聞の「社会」面に「入試の歴史用語に基準」という見出しの記事が載せられていた。「教科書で覚え、入試で知識として問う用語の範囲について「八割以上の教科書に載っている」などとする精選基準を提言した。歴史を暗記中心の科目から変えることが目的で、教科書会社や大学入試の担当者らに参考にして欲しいという」とあった。

ここしばらく「歴史を暗記中心の科目」ではなくする、という話題が続いているが、筆者は「暗記中心の科目」ではなくするということがもう一つつかめない。結局「歴史」は、何か記述の根拠となる史料があって、それを「解釈」して「記述」するということで成り立つ。「解釈」は一つとは限らない。といって百も二百もあるということも考えられない。根拠史料が変われば当然「解釈」も変わる。「記述」のしかたによって、「読み手」のもつ「イメージ」(今、ここでは無定義で「イメージ」という語を使うが、これも本来であればきちんとした定義が必要になる)も変わる。中学生や高校生に「解釈」を求めるということかもしれないが、かなり難しそうに思われる。

そもそも右のような「枠組み」で「歴史」が成り立っているという(実感的な)認識がどれだけ共有されているだろうか。まずはポイントとなる根拠史料について知ることが大事で、そのもっとも素朴なものが、人名であったり史料名であったりするのではないか。まずは「歴史は暗記科目である」というところから考え、議論する必要があるのではないだろうか。

三月二三日（金）晴れ ――「老潜水夫」は何歳か

学会の仕事で、久しぶりに早稲田大学本部キャンパスに行った。お昼を「たかはし」で食べる。学会賞の選考委員会なので、分野の違う人が意見を交換する。そのこと自体が新鮮だった。研究の「傾向」などにも話が及び、やはり全体的には共通している面もあることがわかり、有意義な時間だった。

ここのところずっと原稿を書き続けていたので、なかなかぼおっと本を読んだりすることができなかった。必要だと思った本はどんどん注文して、どんどん届くから、それが机のまわりに積み上がっていく。時々崩れたりして、また積み直すので、順番もなくなっていく。今日はたまたま以前に購入してあった山田克郎『日本海流』（一九四三年、大日本雄弁会講談社）が「出てきた」ので、読んでみることにした。

山田克郎は釜山生まれで、戦後の一九四九年に発表した「海の廃園」で直木賞を受賞している。実はテレビドラマ「快傑ハリマオ」（原作名は『魔の城』）の原作者であるので、興味をもった。この『日本海流』は「日本小説新書」というシリーズの中の一冊であるが、『日本海流』の巻末広告には「『日本小説新書』は、戦時下国民に確固たる信念と、健全なる慰楽を与ふる国民文学の樹立を目指して書下された長篇小説、既に第一回三著を発売爾後続々刊行の予定、書店に予約御申込み置きを乞ふ」とある。

読み始めてすぐに「火夫、舵手、倉庫番《ストキ》など、寝転がつたまゝでめい〳〵に笑ひくづれる」（四頁）という行りにいきあたる。漢字列「倉庫番」の振仮名「ストキ」はなんだろうと思って『日本国語大辞典』を調べてみると、次のようにあった。

ストキ〔名〕（英 storekeeper の略）倉庫番。蔵番。船乗りが用いる語。＊海に生くる人々（1926）〈葉山嘉樹〉一「ストキ〈倉庫番〉にも〈略〉手伝って貰はなきゃならん」葉山嘉樹『海に生くる人々』の使用が、『日本海流』よりもだいぶ早い。

少し先には「その老潜水夫は、もう四十を越えてゐよう。或ひは、五十近いかもしれない」〈一〇頁〉とあった。これは語がどうということではなく、「老潜水夫」が四〇を超えていると表現されているところに少々驚いた。つまりこの頃では、四〇を超えていると「老〜」と表現されることがあったということだ。

三月二五日（日）晴れ ——「言い換え」の危うさ

新聞の第一面には「徘徊と呼ばないで」という大きな見出しのもと、認知症の人に対して「徘徊」という語を使わないようにする、という記事が載せられていた。記事には厚生労働省は「新たな文書や行政説明などでは使わないようにしている〈認知症施策推進室〉」とあった。『朝日新聞』も「外出中に道に迷う」などと表現するという。

これまで使っていた語を別な語に「言い換える」ということにはいろいろな面がある。差別的な表現やことばを向けられた人が傷つくような表現を避けることは当然である一方で、もともと語は、他の語との違いによって成り立っている。つまり言語そのものがもともと〈そういう表現を使うならば〉「差別的」だということだ。語と語との「差」を解消してしまうと、何を表現しているかがわかりにくくなる面もある。七色に認識していた色を一色にまとめてしまうと「差」がなくなる。右はそういうことではなくて、別の表現に変えるということであるが、法律に触れるような行為を「ヤンチャ」などという語で表現するようになると、触法行為そのものが曖昧になる。なんでも言い換えればよいということではない。

三月二六日（月）晴れ　――植物の名前、虫の名前

新たに書架を設置してもらった新研究室で荷解き作業をする。これまで段ボールに入ったまま研究室に置いてあった本も書架に入れたので、案外空きスペースがない。卒業生、大学院生、学部の新四年生、合計五人に手伝ってもらった。四時ぐらいにはほぼ終了したので、みんなでお茶を飲んで解散。

水原秋桜子『葛飾』（一九三〇年、馬酔木発行所）の続きをよむ。俳句をよむのはなかなか難しい面がある。言語量が和歌（短歌）よりもさらに制限されているために、どのようなことが採りあげられているかがわからないことがある。

蟻の道白雲木の花降れり（四五頁）

この句は（当然といえば当然であるが）「ハクウンボク（白雲木）」がどのような花を咲かせるかを知らないとまったく理解できないことになる。ハクウンボクは五〜六月頃に白い小さな花を咲かせる。それが地面に降り注ぐように散りかかっているという情景だろう。地面を見ていると蟻が行列を作っていることに気づく。歩いていて気づいたのか、立ち止まって気づいたのか、それは句からはわからない。例えば、山道を歩いていて、ふと地面に目をやると、小さな蟻が列を作っている。それが「蟻の道」だ。「おっ」と思ってそれを見ていると、上からはらはらと白い小さな花が降り注いでくる、というようなことだろう。上を見上げたかもしれない。視線の移動、体の動き、そういうものが感じられる句であるが、それ

もこれも「ハクウンボク」がわかっているかどうかに左右されるだろう。

大学生は植物名を（筆者にいわせれば）驚くほど知らない。昆虫の名や、魚の名になればなおさらだろう。花の名、昆虫の名、魚の名、鳥の名は、「世界への具体的な入口」といえるかもしれない。「世界」がヒトとの「回路」として送ってくれているといってもよい。まずはそうしたものの名前を知り、そこからヒトが「世界」に入っていく。

筆者は子供の頃、植物図鑑、動物図鑑、昆虫図鑑が好きで、毎日のようにそれをながめていた。ラフレシアという見たことのない植物があるとか、マレーバクが密林にいるんだとか、大きなカブトムシがいるんだ、という驚きはやはり大事だろう。

四月　「変化」と「進化」

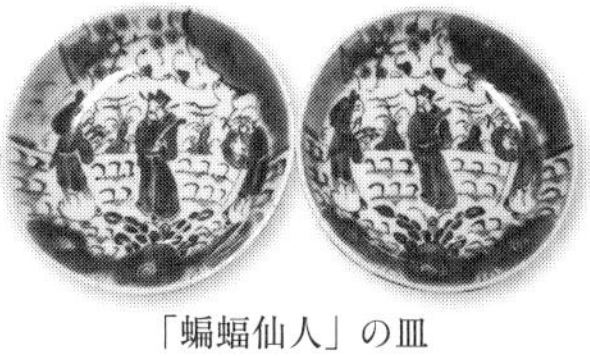

「蝙蝠仙人」の皿

四月二日（月）晴れ　――「サンマータイム」の頃

午前中に教授会があって、午後から入学式。今日からが新年度だ。夜には、恒例となっている、退職した学科教員との懇親会があった。みなさんお元気そうでよかった。

帰宅後、長谷川町子『おたからサザエさん』第一巻（二〇一八年、朝日新聞出版）を少しよむ。昭和二五（一九五〇）年八月一九日の作品に「こんど小商売／をはじめますから／ごひいきに」とあった。この「小商売」は「コアキナイ」を書いたものであろうが、当時の読者は、振仮名のないこのままのかたちでそれがわかったということだろうか。昭和二六年九月五日の作品には「サンマータイム／おわったんで／しょう？」とある。巻末「注釈」には「サンマータイム」について「１９４８（昭和23）年から51（昭和26）年までＧＨＱ（連合国軍総司令部）の指示で作られた「夏時刻法」。当時は「サマータイム」ではなく「サンマータイム」と呼ばれていた」とある。

四月三日（火）晴れ ——「「盗蜜」する外来種」

浅草の「うな鐵」でお昼を食べた。隅田川沿いの桜はほぼ散っていたが、所々にまだ少し散り残っていた。「うな鐵」のトイレの貼り紙が中国語と韓国語で書かれていた。なんと英語表示がない。こういうものの「デフォルト」も変わってきているということだろうか。それとも浅草近辺であるので、中国人、韓国人観光客が多いという特別な事情だろうか。

夕刊におもしろい記事が載せられていた。「桜の花ちぎるインコ」という見出しで、「桜の花をくわえるワカケホンセイインコ」の写真が載せられていて、「「盗蜜」する外来種」という小見出しもあった。このワカケホンセイインコは「桜の花の蜜が好物」で「在来種のメジロやヒヨドリが花の正面から蜜を吸い、くちばしに花粉をつけて運んで受粉に貢献するのに対し、ワカケホンセイインコは花をかみちぎり、蜜だけ吸って捨てる「盗蜜」をする」と記されている。「盗蜜」は「トウミツ」だろうが、臨時的な造語かと思って、インターネットを調べてみると、動物行動学などで使う学術用語で、英語は「nectar robbing」であることがわかった。そうする動物を「盗蜜者(nectar robber)」と呼ぶとのこと。

「盗蜜」はいささか穏やかでない語であるが、要するに、受粉に貢献するかしないかが問題で、スズメは貢献しないので「盗蜜者」ということになる。メジロやヒヨドリも花を落とすが、受粉には貢献しているので「盗蜜」ではないということだ。ということは、外来種かどうかということは「盗蜜」には関係がない。正面から蜜を吸う習性か、そうでないかだけだ。記事はなんとなく「外来種」が悪い事をしているという雰囲気になっており、その点は論点がずれていると言わざるをえない。

論点をずらさない、スライドさせないことは大事だ。

四月五日（木）晴れ　――一〇〇年間に起こった変化

昨日の気温が二五度を超えていたために、今日の気温一六度は、この時期としては普通であるにもかかわらず、なんとなく肌寒く感じた。

朝八時少し前にＮＨＫテレビを見ていたら、長野県飯山からの中継で、「スノーキャロット」というニンジンが紹介されていた。レポートしている人はそのニンジンのことを「幻のニンジン」と何度も呼んでいた。しかし、幻といっても、今中継できているわけだし、そのニンジンを使ってさまざまな商品がつくられていることも紹介されていた。それのどこが「幻」なのだろうか。少し歌が上手だと「歌姫」、まだ生きているのに「レジェンド」、人に対して少し丁寧に対応したら「神対応」、あらゆることが大げさで、ことばが安っぽく使われていないだろうか。

帰宅後、先日注文しておいた中勘助『沼のほとり』（一九二五年、岩波書店）を少し読む。「すこしまぼしいので目を細くしながらうつとりとしてゐる」「沼は温かさうにとろりとをどんでゐる」（二頁）とあった。「まぼしい」「をどんでゐる」は現代日本語では使わないだろう。「マボシイ」が「マブシイ」の母音交替形であることはわかる。「オドム」を『日本国語大辞典』で調べると次のように記されている。

おど・む［をどむ］【澱・淀】〔自マ四〕水底に沈んでたまる。また、比喩的に、物事が流れ動かないでとどまる。よどむ。＊雑俳・口よせ草（1736）「春めきにけり　春めきにけり　おどんだもそろそろにごる人のあし」＊滑稽本・七偏人（1857–63）初・上「底のはうにこてこてとおどみて有し蕃椒（たうがらし）の種が、一どに口にはいれば」＊和英語林集成（初版）（1867）「カスガ ソコニ odomu（オドム）」＊彼岸過迄（1912）〈夏目漱石〉須永の話・一四「手拭を絞って金盥の底を見てゐると、忽ち砂の様な滓（おり）が澱（ヲド）んだ」＊クローディアスの日記（1912）〈志賀直哉〉「今でもいやな心持が腹の底にをどんでゐるやうな気がする」

現代日本語では「ヨドム」がちかい語になる。「ヨドム」は『万葉集』においてすでに使われているので、「オドム」は「ヨドム」の子音が脱落した語形とみることもできるだろう。

『沼のほとり』が出版されてからまだ一〇〇年経過していない。そう思うと、この一〇〇年の間に日本語も変化してきていることが実感できる。

四月七日（土）晴れ ——電報のおかげで

少し時間があったので、コナン・ドイルの『シャーロック・ホームズの記憶』（一九三〇年、平凡社）の続きを読む。三上於《お》菟《と》吉《きち》が訳している。「黄色な顔」を読んでいるのだが、すでにこの「黄色な顔」の「黄色な」が興味深い。この時期はまだ「黄色い顔」ではなく「黄色な顔」という表現が選択されていたことがわかる。この本が出版された昭和五年は元号でいえば昭和であるが、三上於菟吉は明治二四（一八九一）年の生まれなので、三上が使用する言語は明治時代後期ぐらいの日本語とみればよいだろう。

この中に電報の文が示されている箇所があった。「ハナレヤニハマダタレカヰル。レイノカホ、マドニアラハル。七ジノキシヤデオイデマツ。ゴトウチヤクマデシゴトニカカラヌ（離れ屋にはまだ誰かゐる。例の顔、窓に現はる。七時の汽車でおいで待つ。ご到着まで仕事にかからぬ）」（二〇一頁）という電文であるが、

「タレカキル」は「ダレ（誰）」ではなくはっきりと「タレ」という語形が使われていることのあざやかな証になる。一般的に、近世以降は「ダレ」という語形が発生していたことがわかっているが、「タレ」はそれでも使われていた。だが平仮名で「たれ」とあっても、明治期の文献では濁音表示が一〇〇パーセントではないので、「ダレ」の可能性がある。しかし電報となれば、発音通りに電文を作るとまずは考えられるので、いい例だ。こういうところで楽しむことができる。

四月八日（日）晴れ　――「蝙蝠仙人」の皿

久しぶりに斎藤茂吉『連山』を読む。

朱《しゆ》の柱赤金《しやくごん》の柱立ちたるをただ色彩を好むと／いふや
遥かよりその形態《けいたい》の全さをさながらに見むと／ほき旅路に（一九九頁）

「天壇」という小題のもとに収められている作品である。

茂吉は、朱や赤金の柱を、「ただ色彩を好む」という一言で片付けない。また遠くから見た「天壇」の「形態の」完全さにいわば「反応」する。そこに例えばある種の「意志」を感じているのだろう。視覚でとらえた色彩、形態から「ことがら」に入っていく。この二首は歌集に隣り合わせになって収められているが、もっともなことに思われる。

筆者はかつて骨董蒐集にエネルギーを注いでいたことがあった。集めていたのは磁器である。ある時我にかえって、それからはほとんど骨董を買うのをやめて、時々稀に、よほど気に入ったものがあれば買うというぐらいになった。好きだったのは、中国の「明末清初」に作られたとされる「青花《せいか》」だ。中国の絵付けは自由奔放で、それがよい。もう一ついいと思うのは、皿などの縁の形状が「ナイフエッジ」といわれることもあるほど、薄く綺麗に仕上がっていることだ。筆者が集めていたような皿は民間の窯で焼かれたもので、かなりの数が作られているはずだ。作っていたのは、いわば「名も無い職人」さんだろう。しかし、手で大量に作ることによって、手慣れ、磨かれていく技術はすばらしい。大げさにいえば、そこには「私」がない。

デパートなどで、名のある作家の陶器展などが開催されることがよくある。他の用事で訪れたデパートでそういう催しがあると、気が向けばふらっとのぞく。しかし、いつも思うのは、「私」が前面にでてきているということだ。他の人とは違う、という「主張」があふれている。そういう器を毎日使うと疲れてしまう。今も毎日使っているのは、「明末清初」に作られたと目される、「蝙蝠仙人」などと呼ばれる絵柄の皿だ。その皿の縁の薄さに毎日ふれて、「いい仕事をしてますねえ」と思って満たされた気分になる。そうした筆者の「気分」も(茂吉のそれとは方向が異なるが)「形態」から導き出された「気分」だ。

四月九日（月）晴れ ――『世界の恐竜MAP』

今日から新年度の授業が始まる。

勤務先の大学は、正門から少し緩い坂を上がる。その坂のまわりには、かなり背が高い樹木がある。マツ、ハゼ、シイ、エノキ、モミなどだ。常緑樹の葉は落葉しないわけではなく、今の季節けっこう葉が落ちてくる。坂にたくさん落葉があるので、「ああ、今が常緑樹の葉の落ちる季節だ」と毎年思う。

春に落ちてくる葉のことを表現することば（語）はあるのだろうか、と今日思った。つまりそういう概念があるかということでもある。秋の落葉は一般的であるが、春の落葉を指す特別な語があるかどうかだ。そして、こういう場合どういう調べ方があるのだろうか。

少し前、三月二四日に北の丸公園で科学技術館に立ち寄った。何の気なしにミュージアムショップを見ると、おもしろそうな本がたくさんあったので何冊か購入した。土屋健ほか『世界の恐竜ＭＡＰ　驚異の古生物をさがせ！』（二〇一六年、エクスナレッジ）には真っ先に目がいった。筆者は子供の頃恐竜が好きで、恐竜について書いてある本を読むたびに、そこに出て来た恐竜の名前をメモして、それを覚えていた。一〇〇ちかく覚えたように思う。

二〇一四年、所用で福井県に行き、空いた時間に、勝山市にある県立恐竜博物館に案内していただいた。建物は黒川紀章氏の設計で、恐竜の卵のようなユニークな形だった。展示を見ていてわかったのだが、かつて恐竜の個体の名前として覚えたものがグループの名前になっていたりと、変化していた。恐竜の研究もずいぶんと進んだようだ。

先の本で日本のところを見てみると、中生代白亜紀に北陸地方にはたくさんの恐竜が棲息していたと記されている。竜脚類のフクイティタン、鳥脚類のフクイサウルス、獣脚類のフクイラプトル、トカゲ類のクワジマラなどが絵とともに地図に記されている。また兵庫県丹波市で見つかった「タンバリュウ」という愛称をもつ竜脚類（全長約一五メートル）のタンバティタニス、兵庫県篠山市で見つかった真獣類のササヤマミロス、岡山県津山市で見つかった束柱類のパレオパラドキシア、熊本県御船町で見つかった獣脚類のミフネリュウ、長崎県長崎半島で見つかった獣脚類のティラノサウルス類など、ずいぶんたくさんの恐竜が発見されていることがわかる。

アメリカは「古生代」「中生代」「新生代」に分けて、三枚の図になっているが、それだけ多くの化石が発見されているということだろう。「中生代」の図を見ると、「ステゴサウルス」「アロサウルス」「ティラノサウルス」「トリケラトプス」「プテラノドン」「エラスモサウルス」「アンキロサウルス」「スーパーサウルス」など、筆者も知っている名前の恐竜が見られた。

何かをきちんと「分類」するということは、大事なことで、それができるかできないかがいろいろなことを左右しそうだ。大学（学部）や大学院の授業ではそういうことにきちんと取り組む必要がある。

四月一〇日（火）晴れ　――コナン・ドイルと翼竜

翼竜はコナン・ドイルの『失われた世界（The Lost World）』に登場する。手元の創元SF文庫（一九六九年）で確認すると、次のような行りだ（一三〇頁）。

「おい、見たかい？」と、チャレンジャーは有頂天《うちようてん》になって叫んだ。「サマリー、見たかね？」

チャレンジャーの同僚は、さっきの動物の消えたあたりをじっと見つめていた。

「あれがなんだっていうんだね？」と、彼はたずねた。

「まちがいなく翼竜《プテロダクテイル》だよ」

筆者が読んだのは子供向けのものだったと思われるが、どのようなテキストであったか記憶がない。インターネットで調べてみると、唐沢道隆訳『生きていたきょうりゅう』（一九七五年、金の星社）や内田庶《ちかし》訳『きょうりゅうの世界』（一九九四年、集英社）などがあることがわかったが、こうした「子供向けの本の古書」は、(結局は買い手があまり期待できないということなのかと思うが)インターネット上の古書として流通していないことが多く、入手が困難な分野の本だ。

四月一一日(水)晴れ　――「キシキシ」考

新聞の「総合4」面に「不祥事連鎖　きしむ足元」という、大きな活字の見出しがあった。例えば『広辞苑』第七版は「キシム」を「物と物とがこすれ合って音をたてる」と説明している。小型の国語辞書、例えば『集英社国語辞典』第三版(二〇一二年)では「硬い物と物とが接して、互いにすれて音をたてる。きしる」と説明している。「キシキシ」という擬音語があるが、これは擬音語語基「キシ」を重ねたもので、その「キシ」に動詞をつくる接尾辞「ム」や「ル」をつけると動詞「キシム」「キシル」ができる。だから「キシム」の語感あるいは語義の根底には「キシ(キシ)」があるといってもよい。「キシキシ」の程度がつよくなると「ギシギシ」となる。

いずれにしても「こすれ合って」だから二つの要素が必要になる。見出しを書いた人は、古い木製の廊下などを歩いている時、歩くたびに「ギシギシ」音がするというようなイメージだったのだろうか。しかし、二つの物がこすれ合って、きしんだ結果、音が出るということは、実際にはあまり多くないように思う。ここは「キシム」よりも「ユラグ」がぴったりこないか、というのが筆者の感覚だ。足元が揺れてきているという表現だ。しかし、擬音語からうける「語感」にも幅があるから、筆者の感覚もそうしたものの一つに過ぎないかもしれない。

「あなたはどんな時にキシムという語を使いますか」という質問にどう答えるか。筆者にとって、「キシキシ」という擬音語に対応する「具体例」はカミキリムシの「鳴き声(威嚇音)」だ。「鳴き声」といっても鳴くのではなく、前胸と中胸をこすり合わせて音を出しているわけで、「キイキイ」というような音だが、これが筆者の思い浮かべる「キシキシ」の具体例だ。実家の台所の外にあったイチジクの木には、実がなる頃には奇麗な色のゴマダラカミキリが何匹も来ていた。夏にカブトムシを採りに近くの里山を廻っている時には、シロスジカミキリやミヤマカミキリといった大型のカミキリムシに出会ったが、懐かしい思い出だ。

四月一三日(金)晴れ ——「はしか」は「輸入」できるのか

新聞の「社会」面に「「輸入はしか」、沖縄で「三次感染」も」という見出しの記事が載せられていた。記事には「台湾からの旅行者が感染源の「輸入はしか」」とあった。「輸入はしか」は初めて目にするが、よく使われている語なのだろうか。「ユニュウ(輸入)」は「誰々が何々をどこどこから輸入する」という構文で使うのが一般的だろう。「輸入はしか」は誰が輸入したものなのか。しかも輸入は意志的、意図的行為であることが一般的ではないだろうか。こういう語はぴんとこない。

サッカー日本代表チームの監督が交替した。新しく監督になった西野朗に関する記事が「スポーツ」面に載せられているが、「「個々のパフォーマンスまだまだ出せる」」という見出しだった。この「パフォーマンス」は「ノウリョク(能力)」と置き換えられそうだ。というよりも「ノウリョク(能力)」でいいように感じる。「パフォーマンス」の使い方(語義)としては少し「変化球」ではないだろうか。

四月一七日（火）曇り後雨　――「茄子もぐと」

橋田東声の『地懐《ちかい》』（一九二一年、東雲堂書店）の続きを読む。

けさ見れば大根の芽ぞ萌えいでたりみなか／ゞまりて真土の畦《うね》に

茄子もぐとあかつき露にぬれにつゝ妻のよ／ろこぶわが茄子畑（一二頁）

来るともなく養鶏場に来たりけり生みたて／の卵買ひてかへるも（一三頁）

「大根の芽ぞ」と係助詞「ゾ」を使うにもかかわらず「萌えいでたり」と終止形で終止させている。室町時代ぐらいでは、そうしたことも珍しくないが、大正時代の「ゾ―終止形終止」はどのような表現とみればよいか。またそうしたことは分析されているのだろうか。時間をかけて調べるしかないだろう。

しかし「茄子もぐと」の歌、「養鶏場」の歌、どうも巧みな作品とはいいがたいのではないだろうか。前者では一首に「茄子」という語が二回使われている。こうした歌が一定数あるように感じる。

ふた葉菜をわが間引きをればゆふべ空照り／美し虹《ぐわ》のかゝりたる見ゆ

水上はやゝに明るみいちじろく木の葉そよ／ぎて月いでにけり（折にふれ）（一四頁）

「ふた葉菜」は現在いうところの「カイワレ菜」のこと。「ゆふべ空」は「ユウベゾラ／ユウベソラ」という一語なのだろうか。そう理解するのが自然であろうが、そうであるとすれば「ゆうべの空」を圧縮した語ということになる。和歌ではそうした圧縮した語や表現が使われることがあるが、それがどの程度まで許容されるか、あるいは有効か、ということも大事だ。この場合少し無理があるように感じる。「水上は」をアララギ派らしいといっていいかどうかわからないが、そうだとすると、今度はそれが表現としてどうか、ということになる。

四月一九日（木）晴れ　――「クラウドベリー」は「ホロムイイチゴ」

三月二四日に科学技術館で購入した本の中に『MAPS《マップス》』（徳間書店）がある。奥付にはっきりと刊行年が記されていないが、二〇一四年に出版されていると思われる。アレクサンドラ・ミジェリンスカとダニエル・ミジェリンスキというポーランドの絵本作家夫妻がつくった本で、世界四二カ国についての「情報」を地図にイラストで描き込んだものだ。袖の宣伝文には「ポーランドで人気の絵本作家夫妻が、世界の国々について、すみからすみまで調べあげ、まる3年かけて、地図とイラストをかきました。食べもの、歴史的な建物、有名な人物、動物、植物……すべてのページに、数えきれないほどのイラストが、ぎっしりつまっています」とある。

各国の基本データとして、正式名称、国旗、首都、人口、面積などが載せられている。これらは当然といえるが、筆者がおもしろいと思い、この本を購入する動機となったのは、「男女の名前」と「現地の言語での国名の書き方・読み方」と「使用されている言語」が載せられていることだ。「現地の言語での国名の書き方・読み方」は正確に表現するならば、現地で使われている文字で書いた国名と、その現地での発音、だ。例えば、タイであれば、タイで使われている文字で国名が記され、片仮名で「プラテート・タイ」とある。ちなみにいえば、タイの「男女の名前」として、男性は「カセム」、女性は「パビーナ」があげられている。日本の地図では、男性は「あきら」、女性は「みさき」になっている。この名前はどんなデータに基づいているのだろうと思わないでもないが、こういうことは案外とわかりにくいので、おもしろい。

　フィンランドの地図をみると、使用言語としてフィンランド語とスウェーデン語とがあげられている。だから、フィンランド語で書いた国名とスウェーデン語で書いた国名とがあげられており、前者は「スオミ」、後者は「フィンランド」と、いわば国名が二つあることになる。「スオミネイト」という、フィンランドの国土の形を擬人化した女の子のキャラクターがあることもわかった。また冬に地平線上に太陽がのぼらない「極夜《きょくや》」と、夏に太陽が沈まない「白夜《びゃくや》」があるとのこと。「白夜」はよく聞く語であるが、「極夜」は初めて知った。『日本国語大辞典』も見出しにしていない。

　フィンランド式野球「ペサパッロ」があるとか、オウルという都市の中央広場にはトリポリーシという警察官の銅像があるとか、いろいろなことがわかる。どんな植物があるかも記されているので、植生についても概略がわかるようになっている。「ブルーベリー」「コケモモ」「ラズベリー」「クランベリー」「クラウドベリー」「ビルベリー」の絵が描かれているので、ベリー類が豊富であることがわかる。後ろの二種は初めて聞くベリーだ。調べてみると「ビルベリー」は「ブルーベリー」の一種ということだった。たしかに絵はブルーベリーとそっくりだ。「クラウドベリー」は日本では「ホロムイイチゴ（幌向苺）」と呼ばれることがあるキイチゴの一種だった。フィンランドだけでこれだけわかったことがある。なかなかおもしろい本だと思う。こういう本が子供の頃にあったら、夢中になって毎日読んだだろう。これからも疲れたら時々読んでみよう。

四月二一日（土）晴れ ——「映えるか映えないか」問題

かなり気温が高い。

新聞の「総合4」面に「問題見える化／「一定の成果」」という見出しの記事があった。記事中には「合同ヒアリングは、メディアに公開して注目を集めることで、政権や法案の問題点を「見える化」した」とある。この記事自体が「吉田徹・北海道大教授（比較政治論）の話」であるので、「見える化」は吉田徹氏の「用語」なのだろうか。それとも見出し用につくられた語だろうか。一方に「カシカ（可視化）」という語があり、それが実際にある程度使われているにもかかわらず、漢語「カシ（可視）」を（筆者にいわせれば）わざわざ和語で置き換えて別の語をつくっていることになる。

「シセン（視線）」「メセン（目線）」も原理は同じだ。これは一語内の漢語構成語基「シ（視）」を和語「メ（目）」に置き換えている。目の高さを意識したというような理由が語られることもある。「メセン」は混種語だ。混種語があってはいけないというつもりはないが、「わざわざ」つくらなくても、と思わないでもない。他に「タチイチ（立ち位置）」もある。「タチバ（立場）」があるのに、「バ（場）」を「イチ（位置）」に置き換えている。「わざわざ」あるいはもう少し強くいえば「わざとらしさ」が目立つ時代だと感じることがある。

テレビを見ていても、NHKのアナウンサーを初めとして最近は多くのアナウンサーの身振りが大きいように感じる。声にも大げさといえるような力みがつねにある。このくらいの情報はもっと穏やかに伝えてもいいのではないかと思うようなことでも大きな声で身振り手振りをつけて話す。「インスタ映え」は象徴的な語かもしれない。内容よりも「映えるか映えないか」が重視されていないだろうか。

四月二二日（日）晴れ　――「変化」と「進化」

千葉聡『歌うカタツムリ　進化とらせんの物語』（二〇一七年、岩波書店）を少し読み始める。この本は二〇一七年一二月八日の「折々のことば」に採りあげられていた。本の表紙には「進化はめぐる。ヒトの歴史もまた、めぐる。」と印刷されている。

「進化」と「歴史」は、言語に関してずっと考え続けていることだ。言語が変化することは言語研究をしている人は誰もが認めるだろう。その「変化」が体系を整える方向に起こると主張する人がいる。つまり「言語は変化して進化する」という「みかた」だ。筆者はこの「みかた」を採らない。この「みかた」は結局「言語がだんだん整ったものになっていく」という「みかた」でもある（と筆者は考えるが、あるいはこのことについても議論があるかもしれない）。だんだん整ったものになっていくのだとすれば、当初は整っていなかったことになる。では、平安時代の日本語と現代の日本語を対照して、「現代の日本語は平安時代の日本語よりも整っている」ということが主張できるのだろうか。できないのではないか。

言語はすべて完全で整っているものだ、と考えるのが筆者の言語学（日本語学）のスタート地点だ。だからこの話は毎年、二年生の授業で必ずする。このことをつきつめていくと、「どこがどうなると「進化」したといえるのか」というところまでいきつく。例えば、「二足歩行」ができるようになったから進化しているのだ、と主張するとしよう。それは「二足歩行」ができたほうがいいという価値判断に基づく主張だ。一般的にはできたほうがいいに決まっているということになるだろうが、「いいに決まっている」という判断はどういう基準に基づくのか、と思う。「進化論」ではそのあたりはどう考えるのか？　いろいろな考えがめぐる。

本の冒頭には「歴史とカタツムリはよく似ている。どちらも繰り返す、そして螺旋《らせん》を描く」（三頁）とある。この、歴史が螺旋を描く、ということが筆者にはぴんとこない。本の冒頭からひっかかってしまった。ずっと読んでいけば、その「ひっかかり」はきっと解決するのだろう。しかし、冒頭からひっかかるとは。

歴史年表は「歴史」を線状に（二次元で）表現したものだ。初めがあって終わりがある。だから進む「方向」がある。「歴史は繰り返す」と表現した場合、前にあったことがまた起こるということだ。しかし「螺旋」は線状展開ではなく、三次元展開ではないか？　歴史が螺旋を描くとはどういうことなのだろうか。最後まで読んだ時にこの疑問が解決することを楽しみに読み進めていこう。

四月二四日（火）曇り　――「空シ」の原型は？

正岡子規『獺祭書屋俳話《だっさいしょおくはいわ》　芭蕉雑談』（二〇一六年、岩波文庫）の目次を見ていたら、「字余りの俳句」という章があったので、おもしろそうだと思い、その章を読んでみた。冒頭には「俳句に字余り多きものは延宝、天和の間を尤《もっとも》甚しとす。十八、九音の句は云ふに及ばす、時として二十五音に至るものありて、却《かへ》つて片歌よりも猶長し」（二七頁）とあった。脚注に記されているが、「片歌」は「五・七・七の三句で一首をなすもの」だ。二五音はすごいなと思ったが、「天にあふぎ地に伏し待ちの月夜哉」という野々《のの》口立圃《ぐちりゅうほ》の句があげられていた。これは一八音だから、いわばたいしたことはない。

　そうやってあげられている字余りの句を見ていくと、「岩もる水木くらげの耳に空シ《むな》」(二九頁)という杉山杉風《さんぷう》の句があった。この「空シ」が気になる。これはもともとどう書かれているのだろうか。この翻字からすれば、「空シ」と書かれていることになるが、気になるのは「シ」が例えば、小さく(どちらかといえば)右寄せに書かれているということはないのか、ということだ。そうであれば、発音を明示するために添えられている、という可能性がある。このあたりの研究は案外と蓄積されていないように思うが、江戸時代の滑稽本などで、「あァ」などと書かれていることがある。これと同じことだ。それをどう「定位」させればいいかということであるが、少なくとも「空し」とあるのと同じように「空シ」とあるのではないのではないか、という疑問だ。この句が収められている原テキストを探さなければならないが、すぐには見つけられそうにないので、これは「宿題」にしておこう。

四月二五日(水)雨　――異文化「ファーストコンタクト」

今年は花が例年よりも早く満開になっていく。サクラも早かったが、藤も躑躅《つつじ》も早い。亀戸天神の藤も満開にちかくなっているようだ。しかしそこにこの雨。週末まで花がもつだろうか。

注文しておいた『遺外使節日記纂輯』(全三巻、一九二八〜三〇年、日本史蹟協会)が届く。こういう本は大学図書館の本を利用すればよいようなものであるが、手元において時々ゆっくりよんでみたい気持ちになったので購入した。

　例えば第一巻には、日米修好通商条約の条約書批准のために派遣された、「万延遣米使節」に加わっていた人々がつけていた日記類が収められている。具体的には村垣淡路守《あわじのかみ》範正の「遣米使日記」、正使であった新見《しんみ》正興の従者柳川当清の「航海日記」、外国方御用達の佐藤秀長の「米行日記」である。この他にもこの使節に加わっていた人々が残した「記録」は少なくない。

現在では「異文化コミュニケーション」というような語が使われることがあるが、いわばそんな「なまやさしい」ものではなかったことが容易に想像され、異文化の「ファーストコンタクト」の記録として興味深い。またその「ファーストコンタクト」をどのように言語化するか、が興味深い。折々読み進めていくことにしたい。

四月二六日（木）晴れ　――「単なる蘭学者」？

新聞の「科学」面に「小林・益川理論　その先へ」「後継の加速器「スーパーKEKB」が本格稼働」という見出しの記事が載せられていた。「スーパーKEKB」は電子と陽電子とを光速にちかい速度まで加速して衝突させる加速器である。この「スーパーKEKB」の「KEKB」をどう発音するのだろうと思って、記事をよんだが、どこにも発音のてがかりはなかった。科学に詳しい人には常識なのだろうか。記事中には「スーパーKEKB」が繰り返しでてくる。発音がわからないと、その箇所は音声化できないので、筆者などはなんとも落ち着かない気分になる。音声言語に置き換えられない文字言語だ。

ある人気アイドルグループのメンバーが書類送検されたという記事で、そのメンバーを「〇〇メンバー（〇〇には姓が入る）」と呼んでいる。例えば、「五反田太郎」なら「五反田メンバー」と呼ぶ、ということだ。記事の最初には「五反田太郎メンバー」とあり、以下では「五反田メンバー」となっている。

ずっと「五反田太郎」でいいのではないかと思うが、アイドルグループゆえの「配慮」だろうか。テレビでもこの「〇〇メンバー」が使われていた。

「天声人語」には近代的な手法で石鹼をつくった人物として宇田川榕庵《ようあん》のことが採りあげられていた。「単なる蘭学者ではなく化学者としても一級でした」という学芸員のことばが引用されていたが、蘭学者はそもそも「単なる」と形容されるようなものではなく、総合的な知を身に付けている場合が多いのではないだろうか。

四月二七日（金）晴れ　――秋桜子の「綺羅星」

水原秋桜子の句集『葛飾』の続きをよむ。

綺羅星の中の青きが流れけり（四八頁）

「綺羅、星のごとし」という表現のいわば誤認から「キラボシ（綺羅星）」という語がうまれた。この語はすでに一六世紀半ば頃にはうまれていたので、明治二五（一八九二）年生まれの水原秋桜子がそうした語を使ってもなんらおかしくはないが、やや意外ではある。

浪騒ぐ礁の見ゆれ夜光虫（五一頁）

「礁」はいかなる語を書いたものか？　「字余り」でなければ三拍語ということになる。とっさに思い浮かばなかったので、『角川新字源』改訂新版（二〇一七年）を調べてみると、「礁」字には「かくれいわ」と「いくり」という二つの「意味」が示されていた。『三省堂国語辞典』第七版を調べてみると魚卵の「イクラ」は見出しになっているが、「イクリ」は見出しになっていない。では『広辞苑』第七版は……

見出しにしていた。秋桜子が意図したのは本当に「イクリ」であるかどうかわからないけれども、そうであるならば、これはなかなか「よみにくい」ものであろう。「見ゆれ」も落ち着かないように思われる。

四月二八日（土）晴れ ——「いつもの画なる団扇かな」

昨日に続けて『葛飾』をよむ。

中元のいつもの画なる団扇かな（五六頁）

お中元にいつも同じ画の団扇が届けられる。この句をよんで、大げさにいえば「はっとした」。こうした「いつも」感とでもいう「感覚」こそが現在失われているものではないかと感じたからだ。去年と同じお中元が届くというような、なんでもない繰り返し、それは「凡庸」といえば凡庸、しかし貴重な繰り返し、去年と同じような今年がまた来る、ということでもある。そうした繰り返しが保証されていないのが現代だ。

青春のすぎにしこゝろ苺喰ふ
皆咲きし今宵の蕾月見草
植ゑかへてダリヤ垂れをり雲の峰（六二頁）

「青春の」の句には、鉛筆で小さく○が附けられている。いずれの時期かの本の所持者が自身の好みの句に○を附けたのだろう。その、見知らぬAさんは、「こういう句が好きだったんだなあ」と思う。筆者の好みとは少し違う。筆者はこういう句は、なかなか自身の「フォーカス」が絞りにくいと感じる。筆句は「青春のすぎにしこゝろ」と「苺喰ふ」の二段でできているので、両者の関係をどうとらえるかがポイントになる。それが絞りきれない。そういうように、つまり絞りきれないように作られているともいえるが、それが絞りきれないと(筆者の場合は)「わかった」気持ちにはなれない。

「皆咲きし」の句は筆者の経験と呼応してかなり具体的な像を結ぶ。筆者の実家は、亡父が望んで離れを建てるまでかなり庭が広かった。その縁側からよく見える位置に背の高い月見草があって、毎年花の季節には花粉をいっぱいつけたきれいな花が毎晩幾つも咲いた。一晩で花は終わり、朝になるとしぼんでしまう。毎日幾つか咲いて、毎日しぼむ。そういう気分を感じる句だ。「ダリヤ垂れをり」の句の「雲の峰」は夏を思わせる。

四月三〇日（月）晴れ　――「文学青年」今いずこ

午前中に、目黒にある久米美術館に行く。久米美術館は久米邦武と、その子で洋画家の久米桂一郎を記念して設立されている。前から一度行ってみたいと思っていた。展示は久米桂一郎を中心にしたものだったが、いろいろな出版物などがあって、収穫が多かった。久米桂一郎は黒田清輝と同時期にフランスに滞在しており、ともにラファエル・コランに師事していた。黒田清輝が描いた久米桂一郎の肖像画があった。

昼食をとった台湾料理店が東京都庭園美術館にちかかったので、庭園美術館にも行った。ちょうど「建物公開　旧朝香宮邸物語」という企画展が開催されていた。現在は庭園美術館となっている旧朝香宮邸は、アール・デコ調の建築で、玄関のところにラリックのガラス扉があることが知られているが、内部を見たのは初めてだった。食堂の壁面下には、魚や貝をあしらった装飾が施されていたりして、なかなかおもしろかった。書庫、書斎も見ることができた。書庫はそれほど広くないと感じた。その後、さらに移動して東京ソラマチにある郵政博物館の「明治改元一五〇年展　幕臣たちの文明開化」を見る。前島密の考案した片仮名文字など、おもしろい資料が展示されていた。

毎月一度、文芸誌『新潮』『群像』『文學界』『すばる』の広告が並んで新聞に載る日がある。書き下ろしの作品は別として、コラム欄や連載の書き手は、かなり重なり合っていて、二誌に共通する書き手も少なくない。そういう意味合いでは、各誌の特徴は薄くなってきているかもしれない。筆者の大学にお勤めだった、中古文学がご専門の長谷川政春先生は、ご自身の学生時代には、喫茶店で右のような雑誌に発表された文学作品のことなどについて仲間と論じ合ったという。「文学青年」ということだろう。現在の大学生はどうなのだろうか。筆者にはそういう経験はなかったが、ある時から、おもしろそうなものをせめて一誌ぐらいは購入しておこうと思うようになった。一つには、今の日本語にきちんとふれておかないといけないと思ったことがある。今月は『新潮』を購入しておいた。

五月　擬人化される「ＡＩ」

五月一日（火）晴れ　――「文科系」のΣ

『サンプリングって何だろう　統計を使って全体を知る方法』（二〇一八年、岩波書店）を読み始める。これは『歌うカタツムリ』同様「岩波科学ライブラリー」シリーズの一冊だ。このシリーズは科学にかかわるテーマがわかりやすく述べられているので、おもしろい。

今年筆者の指導のもと修士論文を書いた大学院生が、『言海』という明治二四（一八九一）年に完結した辞書を分析対象としていた。『言海』の見出し総数は三万九〇〇〇ぐらいであるが、その見出しすべてを調べることは時間的に無理なので、例えば「カの部」「ナの部」のように幾つかの部を調べて論文を書いた。

こういう時に必ず質問がでるのは、なぜ「カの部」を調べたか、ということだ。最多の見出しの部であるとか、和語も漢語も見出しとなっていることが期待できるとか、幾つか理由はあるが、結局はサン

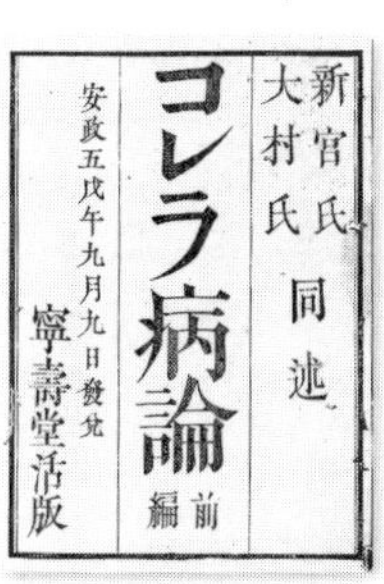

『コレラ病論』前編、新宮凉民ほか著、1858 年

プル調査だから、どこかの部を調べるしかない。すると今度は、他の部と「状況」が違う可能性はないのか、という質問がこれまた必ずといっていいほどでる。違う可能性はあるが（つまりまったく同じではないだろうが）、だいたい同じだろうという前提でやってみるしかない。幾つかの部を調査してみて、同じような「状況」であれば、全体もそうだろうと推測する。しかし、さらにたたみかけて、ほんとうに同じなのかとくることもある。「同じと考える」ということだといっても理解されない場合がある。これは日本語学が「文科系」だからなのだろうか。全部やらなくていいのか、といわれることもあるし、そんなところで楽をしてはだめだ、というような「精神論」がでる場合もある。そんな時には「旧態依然」という語が思い浮かぶ。筆者が大学生の時とこういう点は変わっていない。

『サンプリングって何だろう』には、わかりやすいといっても数式がでてくる。Σを目にするのは高校の数学以来かもしれない。だから隅から隅まで「ずずずいっと」わかったわけではないが、考え方の概略が理解できれば、先に書いたような質問に、もう少し毅然として答えられるだろう。統計学的な考え方は「文化系」でも使うのだから、高等学校で教えてもいいように思う。

五月二日（水）曇り後雨 ――「おそましき火に身はや焼くへき」

八十八夜だ。

先日、目を通していた古書目録に有島武郎の「個人雑誌」『泉』が載せられていた。そうした雑誌があることを知らなかったので、インターネットで調べ、結局インターネットで注文をしたが、それが届いていた。この雑誌は第一巻第一号（大正一一〈一九二二〉年一〇月）から第二巻第六号（大正一二年六月）まで、九号が刊行されて終刊となっている。購入したのは、その九号分と終刊号とが合本されているものだ。

有島武郎は大正一二年六月九日に、軽井沢の別荘、浄月庵で『婦人公論』記者の波多野秋子と縊死を遂げる。そのために、『泉』は終刊せざるを得なくなったということだろう。大正一二年八月にあらためて刊行された終刊号は「有島武郎記念号」を謳い、それまで赤色で印刷されていた、表紙の「有島武郎／個人雑誌」の部分を黒色で印刷している。冒頭には「没後書斎内にて発見されたる絶筆」として短冊に書かれた短歌「世の常のわか恋ならはかくはかり／おそましき火に身はや焼くへき　武郎」が掲げられている。足助素一《あすけそいち》宛ての遺書の写真も載せられている。悲しい終刊号だ。

創刊号には「「泉」を創刊するにあたつて」という文章が載せられている。その末尾には次のようにあった。

私は常に歩いて行かうと思ふ。昨日の私の言葉は、今日の私の言葉ではないかも知れない。今日の私の行ひは、明日の私の行ひではないかも知れない。私は自分自身にすら束縛されないものであらう。云ふべきことは出来るだけの素朴さを以て云ひ放たう。その結果を顧慮しまい。自分がしつかり持つと信ずるものだけを筆にしよう。小さな種子……あとは風が欲するところにそれを運び去るだらう。それは私の関知する限りではないのだ。

浄月庵は、三笠の地から、現在では軽井沢高原文庫と呼ばれるエリアに移築され、一階が「一房の葡萄」という名のカフェになっている。

五月三日（木）小雨　――擬人化される「ＡＩ」

新聞の「科学」面に「ＡＩとの未来を考える」という見出しの記事が載せられていた。「ＡＩ」は改めていうまでもなく、「人工知能」と訳される「artificial intelligence」の頭文字をとったものであるが、「わかったようなわからないような」という面がある。「人工知能」という語を使っていた時は、それでも「知能」によって、語義も使用範囲もある程度限られていたと思うが、それが「ＡＩ」となって、語義も使用範囲も曖昧になったように感じる。そういうことにかかわりそうなことすべてが「ＡＩ」と呼ばれているのではないだろうか。

記事の見出し「ＡＩとの未来を考える」は助詞「ト」が使われ、「人間とＡＩとの未来」という含みだろう。そうであれば、「ＡＩ」が擬人化されている、もしくは人間と並ぶような存在として意識されている、と思われる。「ＡＩとどう付き合っていくか」ということかもしれない。お付き合いの対象になるのだとすれば、やはり擬人化だ。擬人化することによって、「ＡＩ」の語義が曖昧になり肥大化するのではないだろうか。

右の記事の隣には「大学の研究力低下　打開には」という見出しの記事が載せられていた。記事中に「政府の総合科学技術・イノベーション会議（ＣＳＴＩ）」という語が使われていた。語というより組織の名称であるが、「ＣＳＴＩ」がどういう略語かどこにも記されていなかったので、調べてみると「Council for Science, Technology and Innovation」の略で、内閣府に設置されている「重要政策に関する会議」であることがわかった。「総合」はどこからでてきたか、とか「Science, Technology and Innovation」

と「総合科学技術・イノベーション」は語構成が対応しているか、とか気になることはあるが、それはそれとしておく。「innovation」という語は「技術革新」と訳されることがあるが、技術に特化した語ではなかったはずで、最初はもう少し「新機軸」というニュアンスが含まれて使われていたように思うが、気のせいだろうか。使われているうちに、だんだん使い方が練れてくるということはあるだろうし、あってよいが、いつのまにかそもそもの概念が失われていた、ということだといいかどうかということになりそうだ。

古書目録を見ていて知り、購入したものだが、『八雲』という書物がある。第一輯・第二輯は「小説戯曲篇」、第三輯は「評論随筆篇」で、「編輯」として島崎藤村、志賀直哉、里見弴、瀧井孝作、川端康成、武田麟太郎の名前があげられている。第一輯は昭和一七（一九四二）年八月二五日に、川端康成を編輯代表者として、小山書店から出版されている。この時期の出版物としてみれば、紙質もそれほど劣悪ではないし、印刷、製本もしっかりしているように思われる。

第一輯には「八雲襍記」第一号が挟まれていたが、里見弴が「「八雲」創刊に際して」という文章を載せている。そこには「近時、文学報国なる言葉が遽かに興つた。文学者としての実力、実行、実績を有せずして、濫りに声を大にしてこれを唱ふるは、空砲、花火の類、何を以て国に報いんとする気か」とある。同時に宇野浩二の「「八雲」に期待」という題の文章も載せられており、次のようにある。

殆どあらゆる雑誌が、用紙の関係で、創作欄を節約しなければならなくなつたので、創作専門の雑誌のやうなものを出したい、といふのが「八雲」の方針であつた、と聞いた。しかし、月刊雑誌は勿論、季刊雑誌のやうなものさへ発行できないので、「八雲」は、単行本の形で、諸家の創作を何篇か収めて、出来れば、一年に四冊ぐらゐづつ、出して行きたい、と聞いた。

これによって、『八雲』がうまれたいきさつがわかる。第二輯の末尾には川端康成の「大東亜戦争にしたがつて文学者の奉公も多面に拡がりつつあるが、私達は「八雲」によつてそのむしろ比較的閑却されながら本来最も重要な一面に、力をつくしたいと思ふ。旧来に例のない冒険的な出版物に、諸作家が賛助して作品を寄せられるにつけても、この仕事は貫かねばならない」という文章が載せられており、川端康成も「冒険的な出版物」とみていたことがわかる。

筆者の興味は、「集められている」というところにある。雑誌はもちろんそうした「テキスト」であるが、ある時期のいろいろな要素がそこに集まっている。一人の書き手がつくった「テキスト」はその「一人の書き手」を濃密に反映する。それが時代と無関係ということはもちろんないが、やはり「個」を意識せざるを得ない。それに対して、一冊の雑誌には、当該時期のさまざまな要素が集まっているはずで、「さまざまな要素」の中には、いや第一のものとして、言語がある。

「コーパス」を使った言語研究が盛んに行なわれるようになってきているが、「コーパス」に集積された言語情報をどのようにみるかが難しい時がある。新聞も教科書も小説も一つのデータとして集積されているといった時に、そのデータをどうみるか。それに比べると、一冊の雑誌は、もう少しまとまったものとみることができるだろう。『八雲』に載せられている作品は、まぎれもなく「同時代」に生きた作家の作品で、同じ時空を背景にしてアウトプットされた日本語といってもよい。

五月四日（金）晴れ　――「出したものはその半分も考へない」

『八雲』の第一輯の最後に川端康成「名人」が収められていた。「名人」はこれが初出かどうかわからなかったので、調べてみると、この「名人」は序の章で中断したもので、「未想熟版（プレオリジナル）」などと呼ばれているものだった。昭和一八（一九四三）年には『日本評論』の八月号と一二月号に「夕日」という題名で発表、翌一九年にはやはり『日本評論』三月号に「夕日」を発表するが、これも未完。昭和二二年には『世界文化』四月号に「花」という題名で発表するが、これも未完。『八雲』版の「名人」は、昭和二四年一二月に細川書店から刊行された『哀愁』に収録されていることがわかった。完成版は昭和二六年に『新潮』八月号に発表されている。『日本評論』の諸号、『世界文化』・『新潮』の該当号、『哀愁』はさっそく注文した。テキストがどのように変容していくかということは興味深いので、そうした分析をするにあたっての素材になりそうだ。「名人」を初めて読んだのは新潮文庫だった記憶がある。

第一輯には横光利一「日記から」も収められていた。なにげなく、冒頭の「十月二十五日」の条を読み始めると、書き出しには「今日の八ツ手の花の勢ひはなかなか見事だ。防空演習の終つた直後の澄んだ空に、白い鈴のやうな頭状の花序を擡げた茎の瑞瑞しい細さ。カリフラワかと見えて秋空が一層冴えてゐる」とあって、八ツ手の花をカリフラワーに見立てる、おもしろい表現がみられる。その少し後に、「大言海五冊重いのをS君が持つて来てくれた。S君に自分は頼んでおいたのではないので、感謝に堪へない」とあった。横光利一は少なくとも『大言海』を所持していたことがこれではっきりする。

また少し先には「手紙といふものはそれを出した者が考へてゐるよりも、もつと多くの問題をいつも含んで来るものだ。どんな些細な手紙でも、中味の意味よりも受けとつた方に起る問題については、出したものはその半分も考へないのが習慣だ」とあった。
ここでは手紙の送り手と受け手とについて述べられているが、「書かれたものについて考える」というように問題を設定しなおせば、これは「読書」ということにあてはまるのではないかと思った。筆者すなわち書き手が何を考え何を伝えようとしているか、ではなくて、読者すなわち読み手が何を考え何を受けとるか、がつねに重要なのだ、と。現代は「情報を発信すること」が重視される時代のように感じるが、みんなが発信することに一所懸命になると、誰がそれを受信するのか、ということになりそうだ。

五月五日（土）晴れ ――『現代歌まくら』

小池光『現代歌まくら』（一九九七年、五柳書院）をぱらぱらとよむ。端からよむような本ではないので、何の気なしによむのにはちょうどよい。小池光は一九四七年生まれなので、筆者よりも一一歳年上だ。最近こういうことが気になるようになってきた。年齢そのものというよりも、自分とどのくらい時間を共有しているか、ということだ。それが言語感覚などにもかかわってくることがあるように感じる。目次をみると、小池光がどのような語を「歌まくら」として採りあげているかがわかる。「イーハトーヴ」とあるのをみて、いったいこの語を使ったどんな短歌があるのだろうと思い、該当頁をみる。そこには岡井隆の作品一首のみが掲げられていた。

イーハトーヴォに入らむとすらむ鉄道の銀のひかりの馳走うけたり

五月六日（日）晴れ　――「熟成された詩」

『日本評論』が届く。購入したのは、昭和一八（一九四三）年の七月号〜一二月号、昭和一九年の二月号、三月号、合計八冊だ。昭和一八年の八月号の最末尾には川端康成「夕日」が載せられていた。一二月号にもちゃんと載せられており、昭和一九年の三月号にも載せられていた。例えば昭和一八年の八月号は「完勝勤労体制」という「特輯」号であるし、翌九月号は「知能動員と科学戦」という「特輯」号、昭和一九年の二月号は「農村建設」という「特輯」号で、「大東亜と日本語」という座談会が載せられている。

座談会のメンバーは長谷川如是閑、フランス文学者中島健蔵、言語学者の泉井久之助、詩人でドイツ文学者の神保光太郎、国語学者の時枝誠記《もとき》である。時枝誠記がどのような発言をしているかについては興味がわく。例えば次のような発言をしている。

　私は言語といふものを、一つの表現といひますか、行為の一つの形式だと考へてゐますから、いま長谷川さんの仰有つたことは非常に賛成なんです。今までの言語学者の言語といふのは、人間から生み出された一つの或る形といふやうなものを捉へて、さういふ民族の姿といふものと遊離してゐるやうな感じを与へるですね。（四九頁）

「言語過程説」で知られる時枝誠記が人間を介在させたかたちで言語を捉えようとしていることが窺われる。一方、言語学のありかたが民族（人間）と「遊離して」いると感じている。これは亀井孝が人間不在の言語学に警鐘を鳴らしていたことと通じるようにみえる。

先日注文しておいた岡井隆『鉄の蜜蜂』(二〇一八年、角川書店)が届く。白と黒のなんともいえない「帯」とカバーとが一体化した装幀で、しゃれたデザインだ。「第三十四歌集」「甘美なる挑戦状」「熟成された詩が産み出す濃厚な短歌の蜜。/まわりには不気味な金属音を立て蜂が飛び交う。/針を恐れぬものだけが味わえる官能のエキス。/あなたはどこまで近づけますか?」などと印刷されている。

君の詩は実に明敏、今日のわが小路みちびくラムプとなれよ(七九頁)

岡井隆は二〇一八年一月に九〇歳になって卆寿《そつじゅ》とのこと。母とほぼ同じ年齢だから、親世代だが、いろいろな刺激を受ける。まさに「みちびくラムプ」だ。「君」は大岡信。まさに「熟成された詩」。一気に読むのが惜しいので、今日はこのくらいにしておこう。

五月七日(月)曇り後雨 ——ワカラン料理

連休も終わり、今日からまた授業が始まる。

夕刊に長崎のエビのすり身を食パンに挟んだ揚げ物、「ハトシ」のことが採りあげられていた。東京でも時々物産展などで見かけるが、見かけた時はだいたい購入する。記事には、長崎の食文化研究家、脇山壽子《ひさこ》さんのことばとして、漢字では「蝦吐司」と書き、「吐司」はトーストだとある。「ハトシ」はかわった語だと感じていたが、そうだとすると、おもしろい。明治時代に中国から伝わったそうだ。

記事には「三者融合の「和華蘭《わからん》料理」」という見出しも附されていた。これは長崎の料理に限ったことではなく、幕末から明治初期にかけての日本の文化そのものが、日本+中国+オランダのハイブリッドだった。しかもこのうちの中国はさらに、伝統的な中国文化と新しい中国文化とが融合していたとみることができる。

五月九日（水）雨　——消えた「御用聞き」

届いていた『おたからサザエさん』第三巻・第四巻（二〇一八年、朝日新聞出版）をよむ。昭和三一（一九五六）年二月一八日の作品に「アローライン」という語が使われていた。この作品には注が附されていて、「アローライン」とはクリスチャン・ディオールが一九五六年に発表したドレスのシルエットラインのことで、「アロー（矢）を思わせるまっすぐなシルエットが特徴」とのこと。こういう語が案外と後にわからなくなる。なぜなら、一般的な語ではないために、国語辞書などの辞書類に登載されにくい。学部の授業で、学生と明治期に出版された雑誌をよんでいるが、髪型の名前と思われる語などはなかなか確認することができない。それと似ている。

昭和三二年四月一八日の作品にも注がついていた。どういう注かと思ったところ、「御用聞き　得意先に行って、必要な物を聞いて回ること。かつては、八百屋や酒屋などの店員が、各家庭を御用聞きに回る光景がよく見られた」という注だった。昭和三二年は筆者が生まれる一年前であるが、クリーニング屋さんが御用聞きに来ていたように記憶している。たしかに現在は「御用聞き」はみられないだろう。

同年八月二七日の作品では波平が「いよいよ日本の原子炉《ろ》にも火がついたね」とマスオに話しかけている。巻末の注には、この日の午前五時二三分に茨城県東海村にある日本原子力研究所（現在の日本原子力研究開発機構）の実験用一号原子炉が臨界に成功したことが記されている。

五月一一日（金）晴れ ――「外国」からきた知識

新聞の「文化・文芸」面には野田秀樹の「ワン・グリーン・ボトル」のロンドン公演のことが採りあげられていた。記事の中には、「たった一つの携帯電話をのぞき続けている人間のように、自分のことだけに集中していく。共同体の中でもより自分に近いもの、自分の好きなもの、関心があるもの、それは最終的には自分です。みんながそういう方向に向いている」「不寛容とかいうけど日本では理解するというのは均質、同質になること。欧州では宗教も国籍も人種も全部違うのが当たり前だということをまず理解しないといけない」「ネットを含めた携帯は、人間の考え方、共同体でのあり方にまで影響する技術革新だった。ツイッターも含めて、短い言葉で人の心をとらえる人間が世の中を支配できる」というような（おそらくは野田秀樹の）ことばが並ぶ。

筆者は、共同体に過去も含めて考えたい。かつて日本列島上で日本語を使っていた人々もいうなれば「日本語圏の人々」だ。そういう人たちとも日本語を通して「交感」したい。それは必要なことだと考える。

しばらく前から幕末、明治期についていろいろな文献にあたっている。幕末から明治期にかけては一〇年ほどの間に、海外へ、八回の使節もしくはそれに準じるような人員の派遣を行なった。こうした遣外使節、留学生が記した記録、日記類がかなりな数残されている。例えば一八六二年の遣欧使節団に随行した市川清流《せいりゅう》の『尾蝿欧行漫録』はアーネスト・サトウが英語訳したことでも知られている。市川清流は『雅俗漢語訳解』という漢語辞書を編んでいるので、筆者などは、まずそれで市川清流の名前を知った。

一八七一年の遺米欧使節団に随行した久米邦武の『特命全権大使米欧回覧実記』は岩波文庫でも出版されているので、よく知られているだろう。そうした記録、日記類は、日本の歴史の「一コマ」の記録だから、日本史研究者の史料となる。しかしまた、例えば碩学小島憲之は『ことばの重み　鷗外の謎を解く漢語』(一九八四年、新潮選書)の中で、森鷗外の『航西日記』の多くの部分が『特命全権大使米欧回覧実記』を下敷きにしていることを指摘している。現代の価値観でいえば、「そんなことがあるのか」あるいは「そんなことが許されるのか」ということになるかもしれないが、表現ということでいえば、典拠のある表現を使うことが中国ではむしろ求められてきたのであって、そうした意味合いでは正統的といえる。

『特命全権大使米欧回覧実記』が重厚な漢文訓読調の文章で記されていることは、よめばすぐにわかる。これは「旧式」の文章と感じられることもあるようだ。漢文が日常の言語生活から遠ざかりつつある現代においては、漢文や漢文訓読調の文章がことさら「古い」ものと感じられるのであろう。この文献に触れた言説の中に、「開明的な福沢諭吉、旧弊な久米邦武」とまであからさまに述べたものはないが、それにちかいニュアンスは感じた。そのように「二項対立的なわかりやすい図式をつくって言説を展開する」こと自体、「単線的には」考えておくべきことがらの一つであるが、もう少しことは複雑であろう。『特命全権大使米欧回覧実記』自体が、例えば中国の何らかの文献を下敷きにしていないかという検証が一度は必要であろうし、幕末から明治初期のこの時期に中国語で記された文献がどの程度日本で読まれ、いわゆる知識人たちに影響を与えていたか、ということの検証が必要だろうということだ。

欧米から直接もたらされた「情報・知識」、欧米から中国に入って中国語訳＝漢訳されたかたちでもたらされた「情報・知識」があって、ともすれば後者の価値をひくく見積もりそうであるが、はたしてそうかどうか。興味深いテーマに感じた。

五月一二日（土）晴れ　——抜け落ちている「近代中国語」

昨日の続き。もともと遣外使節は日本とは異なる文化圏に入っていくのであるから、彼らが残した記録は、「異文化交流」の場での記録になる。そもそものような「視線が交錯する場」で書かれたもので、それを含めて日記、記録を読み解く必要がある。それには、当然のことであるが、まず記されている文章を正確に読み解かなければならない。場合によってはその語がそこで使われた理由を把握しておく必要があるかもしれない。そうなった時に、使われている語、特に漢語が少し特徴的にみえる。

市川清流の『尾蠅欧行漫録』はタイトルからして「ひねり」が入っているようにみえる。おそらく「尾蠅」という漢語はなく、これは市川清流の造語だと思われる。発音は「ビヨウ」であろうが、これは同じ発音の「ビヨウ（微幺・微幼）」とかけてあるのだろう。「ビヨウ（微幺・微幼）」は〈とるにたらないこと〉という語義があるので、とるにたらない従者の私のヨーロッパ旅行の漫録です、という意味合いのタイトルだろう。

よんでいくと「辰牌」という語がでてきた。「辰牌」だけではなく、「未牌」や「午牌」もあるので、それぞれ「辰の刻」「未の刻」「午の刻」のことだろうと見当はつくが、「牌」にそのような字義があるかどうかがすぐにはわからなかったので、調べてみた。すると『大漢和辞典』ではそうした字義が確認できなかった。そこで北海道教育大学につとめている、語学に堪能な高校の同級生にメールをして、現代中国語にそうした用法があるかどうかをきいてみた。すると、現代中国語にはないが、『中日大辞典』第三版(二〇一〇年、大修館書店)に「旧」マーク付きで載せられていると教えてくれた。『中日辞典』第二版(二〇〇二年、小学館)までは調べたのに、やはり手間を惜しんではいけない。

つまりこの「牌」字の使い方は、古典中国語にも現代中国語にもないが、近代中国語にはあったということだ。この近代中国語が、日本で編まれている漢和辞典類には、載せられていないことが多い。そしてまた明治時代に関していえば、日本でつくられた「和製漢語」が中国に「逆輸入」されることもあり、事態は複雑だ。近時、このあたりの研究も進んできたが、まだまだ一歩一歩という感じで、全体の見通しがつくのにはもうしばらく時間がかかるだろう。

『特命全権大使米欧回覧実記』は時々間が空いてしまいながらも、少しずつ読んでいるが、字順が逆になっている漢語が多いということには気づいていた。そういうことが右で述べたこととかかわるのか、かかわらないのか。これまた「日暮れて道遠し」。しかし卆寿の岡井隆も元気なのだから、しっかりと取り組んでいくとしよう。

五月一四日(月)晴れ　――雑駁になる言語使用

暑い一日だった。

新聞の「生活」面に劇団四季でヘアメイクを担当している人の記事が載せられていた。その見出しは「ピン一本の緩みも見逃さない」で、記事中には「ピン一本の緩みが大きなミスにつながると思っています」とあった。はりつめた仕事ぶりを思わせる。この見出しを見て、そうだとすれば、「一つの語の緩みも見逃さない」ようにしないと、いずれは日本語全体が、精緻な思考を支えられない、繊細な感情を伝えられない、という状況になるのではないかと改めて思った。今の状況は言語が変化しているというよりも、言語使用が雑駁になっているようにみえる。

五月一五日（火）晴れ　――中村草田男の三句

中村草田男『萬緑』（一九四一年、甲鳥書林）を読み始める。この句集の装幀は武者小路実篤が担当していた。きりりとした中村草田男の写真が扉頁の前に挟み込まれていた。

　町空のつばくらめのみ新しや

「町空」は「マチゾラ」を書いたものであると思われるが、『日本国語大辞典』はこの語を見出しにしていない。語義は明らかであるが、たしかにツバメが飛ぶ季節になると、ふだんは代わりばえのしない町の空が「ツバメの季節だ」ということを思わせる。「町」が効いているし、「ノミ」もそれを支える。ツバメがいろいろな所に巣を作って子育てをするようすがかつてはそこここで見られたが、最近は糞が落ちるなどのことで、巣を壊すこともある。そのせいか、あまりツバメを見かけなくなったように思う。

　再び帰郷　松山城にて　三句

炎天の城や四壁の窓深し
炎天の城や雀の嘴《はし》光る
石崖の片陰沿ひの幾角を

三句がまとまりになっている。二句では「炎天の城や」という八拍が共通していて、残り九拍で句ができている。「四壁の窓深し」は城そのものの描写、「雀の嘴光る」は城からは離れている。この場合「雀」と「城」とはどこでどのようにつながっているか、このスズメはどこにいるのか、など、あれこれと考えるとおもしろい。三句目では、「石崖」という別な語が使われている。三句をつくっている時に、中村草田男の「心的辞書」がどのように使われているか、句がうまれてくる「場」を考える緒となる。

五月一六日（水）晴れ　――辞書の系譜をたどる

英和辞書、和英辞書についての原稿をまとめようとしているので、折にふれて明治期に出版された英和・和英辞書を購入しているが、箱田《はこだ》保顕《やすあき》纂訳『訂訳増補大全英和辞書』（明治一八〈一八八五〉年）が届いた。明治四年に出版された『大正増補和訳英辞林』（通称、薩摩辞書）系と指摘されている辞書である。辞書を考えるにあたっては、まずその系譜的聯関を確認、検証するのが研究の「常道」であるが、それに過度にこだわると、何も考察できなくなってしまう。

筆者としてはやはり、どんな日本語が使われているか、がまずみたいことだ。例えば、見出し「Active」の語釈には「敏ナル。出精ナル。働ク。急ガシキ。勤ル。進ム。」とある。「出精ナル」は「シュッセイナル」を書いたものであろうから、当時この語が使われていたことになる。あるいは「急ガシキ」はもちろん「イソガシキ」を書いたものであるはずだから、「忙」字ではなく「急」字をあてていた、ということがわかる。こうした観察に系譜的聯関を重ね合わせていけば、このような例が『大正増補和訳英辞林』の出た明治四年までさかのぼるのか、そうではないのか、ということがわかってくる。あるいは見出し「Aim」の語釈には「目的。狙ラヒ。疑察」とある。漢語「ギサツ（疑察）」は頻繁に使われる語ではなさそうだ。また「狙」の旁《つくり》は実際は「且」ではなく、「丑」にちかい形で、そうした活字があったことになる。このあたりのことは案外と整理されていないように思う。

五月一七日（木）曇り　——振仮名はどこから

仕事をしている部屋の窓際に置いてあるサボテンに花が咲いた。二〇一七年の四月一六日に、花をつけていたものを買ってきて、あまり水もやらずに置いてあったが、急に莟があがってきたので驚いた。きれいな花を咲かせた。

桑原武夫「第二芸術」を『世界』（一九四六年九月）に載った時のままのかたちで読んでみたいと思い、大学の図書館を通じて複写を取り寄せてもらった。講談社学術文庫『第二芸術』（一九七六年）は購入した。なぜ複写を取り寄せてもらったかといえば、石川九楊の「河東碧梧桐——表現の永続革命」（『文學界』二〇一八年六月号）に引用されていた、「第二芸術」にあげられているという一五句に振仮名が施されていたからだ。『世界』に振仮名があったのか？となんとなく思ったからだが、複写を見ると、振仮名がない！

講談社学術文庫はというと、こちらには振仮名がある。講談社学術文庫は桑原武夫が「まえがき」を書いているので、この振仮名は桑原武夫が承知しているものといえよう。しかし、講談社学術文庫に「咳《しわぶ》くとポクリッとベートヴェンひゞく朝」とあり、石川九楊の文章中には、「「咳《しはぶ》くとポクリッとベートヴェンひゞく朝」（ヒポクリットの誤植）」とあって、傍点や誤植の指摘はともかくとして振仮名のかなづかいが異なる。あるいは講談社学術文庫にある振仮名が石川九楊の文章では省かれているものがある。細かいことのようだが、そうではないと思う。「すべてを疑う」ということが批判的思考の前提であるとすれば、やはり石川九楊のあげた例はどこから来たかわからない例、あるいはどこにもない例、ということになってしまう。こういうことがあるから、やはりさかのぼれるだけはさかのぼっておかなければならない。

桑原武夫「第二芸術」は「専門家の十句と普通人の五句との区別がつけられるかどうか考へてみていたゞきたい」と述べ、クイズのようなかたちで一五句を並べている。絶対に俳人の句ではないと思ったのはこのうちの「麦踏むやつめたき風の日のつゞく」で、「つめたき風の日のつゞく」が一七音中一二音を占め、あまりにも散文的で、それに「麦踏むや」が切れ字を使って唐突に結びつけられている。似た構造をもつものが「囀や風少しある峠道」で、「囀や」は「サエズリヤ」と判断したが、峠で、鳥の囀りを聞いたのだろうか、「サエズリ」が一般的過ぎて、情景を思い浮かべることができない。この二つはやはり「普通人」の句だった。

「大揖斐の川面を打ちて氷雨かな」の「大揖斐」は揖斐《いび》川のことであろう。「川面を打ちて氷雨かな」は「打ちて氷雨かな」がいわば意味不明で、せめて「氷雨に騒ぐ川面かな」ぐらいでないと「言葉として何のことかわからない」。これも「普通人」の句だった。ここまではよいのだが、あとは「はずれ」だった。意味不明ということでいえば「椅子に在り冬日は燃えて近づき来」「腰立てし焦土の麦に南風荒き」も句意がよくわからない句で、桑原武夫も「言葉として何のことかわからない」と述べている。

「椅子に在り」は松本たかし、「腰立てし」は臼田亜浪《うすだあろう》の作品だった。クイズとしてはおもしろいともいえるが、そういうことでいえば、現在は、「あまりにも散文的」であるということに「寛容」ではないだろうか。特に作者が若い場合には、そういう句であっても、賞が与えられたりしているように感じる。

五月一八日（金）晴れ ――「コレラ」の書き方

先日届いていた安政五（一八五八）年刊『コレラ病論』前編をみる。「新宮義慎凉民／大村恭達吉／新宮義健凉閣著述」とある。調べてみると、新宮凉民《しんぐうりょうみん》は、京都南禅寺に医学教育施設「順正書院」をつくった江戸時代の蘭方医である新宮凉庭《りょうてい》の娘、松代の婿養子柚木舜民のことで、新宮凉閣《りょうかく》も養子であった。大村達吉は「漢蘭折衷家」を標榜していた医師とのことだ。

この本は木活字で印刷されているので購入した。江戸時代に木活字で印刷されている本があるが、字体がどうなっているかなども含めて、近世木活字本の研究はまだあまり蓄積されていない。急に本を集めることはできないから、気づいた時に、購入できる範囲で、少しずつ集めていこうと思う。今回手に入れたものは後ろのほうに少し虫損があるが、まずまずのコンディションだった。

「cholera」を片仮名で「コレラ」と書くことは、今では一般的であるが、江戸時代には「虎列（烈）剌」と書くことが多かった。『コレラ病論』は、安政年間にコレラが大流行した時に出た専門書で、「母私篤（モスト）」他何人かの論を紹介している。本の内容から「コレラ」という鉤括弧付きの語が頻繁に使われているが、上下の鉤括弧は「コ」「ラ」にかなりちかい位置に書かれている。そのことからすれば、

「コレラ」という連続活字あるいは起こしの鉤括弧付きの「コ」、受けの鉤括弧付きの「ラ」の活字をつくっていた可能性があるだろう。また「亜-細-亜《アジア》」や「欧-羅-巴《エウロッパ》」もあり、これらは振仮名付き連続活字か。

五月二六日（土）晴れ　――天皇御璽をデザインした人

先日大学に届いていた「思文閣古書資料目録」第二五七号をゆっくりと見返したが、いろいろとおもしろい資料が載せられていた。本草学を水谷豊文、蘭学を藤林普山に学んだ伊藤圭介のはがき五枚、書状一通がある。いずれも宛先は宍戸昌《さかり》とのことだ。

宍戸昌は旧刈谷藩士で、民部省、農商務省等を経て大蔵省国債局長を務めている。東京都立中央図書館の特別買上文庫には「海雲楼博物雑纂」があり、宍戸昌が蔵していた高橋由一や蕃書調所画学局員等の筆になる植物図譜・博物図譜稿が収められている。宍戸昌が植物学者の伊藤圭介や田中芳男等と親しかったこともわかっている。

明治四（一八七一）年に、長崎出身の豪商で篆刻家としても知られる小曽根乾堂《こぞねけんどう》が天皇御璽、御国璽の図案の考案を命じられた時に作成した「印稿集」と思われるもので、奈良時代以来の国璽、御璽がおされている二三枚の草稿も載せられていた。目録の解説によると、この小曽根乾堂の案は結局採用されず、明治七年四月に、京都の篆刻家安部井櫟堂《あべいれきどう》、京都の鋳造師秦蔵六《はたぞうろく》によって作製された国璽、御璽が現在まで使用され続けているとのことだ。考えてみれば、御璽や国璽だって、デザインした人がいるわけだ。

五月二九日（火）曇り――「初繭掻き」の日

新聞の「社会」面に「皇后さまが「初繭掻き」」という見出しの記事が載せられていた。記事を読むと、「今年作られた繭を初めて収穫する」ことを「初繭掻き」ということがわかるが、こういう養蚕用語はだんだん日常生活から消えていくかもしれない。

ヘイドン・ホワイト『歴史の喩法』（二〇一七年、作品社）の巻末には、翻訳をした上村忠男の「ヘイドン・ホワイトと歴史の喩法」という文章が附録されている。その文章中で、多木浩二の「方法としての「退行」 芸術と歴史」（『思想』一九九五年一二月号）について言及されていた。

そして多木浩二が（芸術以外の）「他の知的領域では、その学が成立したときの事情を繰り返すことはない」と述べていることにふれ、「他の知的領域も、芸術と同様、みずからが学として成立したときの事情を反復するのではないでしょうか。いや、反復してしかるべきではないのでしょうか」（二八六頁）と記す。これはこれで非常におもしろい。日本語学という学において、「方法としての「退行」」が成り立つかどうか、とすぐに思った。

この時は多木浩二の「方法としての「退行」」を読んでいなかったので、すぐに読んでみた。筆者には「人間が世界そのものを具体的に認識することには詩的なものが含まれているという事実から始めなければならないのではないのか」（前掲『思想』五七頁）という言説が興味深かった。歴史に（必然的に）含まれている「詩的なもの」というとらえかたはおもしろい。ふと白土三平の『カムイ外伝』第一九話（『週刊少年サンデー』一九六七年一月八日号初出掲載）で、カムイがリンドウを見ながら「あれがこの世で見る最後のもの……」と思うシーンを思い出した。現在はさまざまなことに「詩的なもの」が欠落しているということはないだろうか。

六月
「カサガサ」と「ガサカサ」

雑誌『電気と文芸』1921年

六月一日（金）晴れ　――「草と枯れゆく冬の蠅」

桑原武夫「第二芸術」に登場していた臼田亜浪は、高浜虚子の『ホトトギス』、河東碧梧桐の「新傾向俳句」、いずれも批判したということなので、作品をもっとよんでみたくなり、句集『旅人』（一九三七年、交蘭社）、『白道』（一九四六年、北信書房）を購入した。

枯萩の髄脈々と雨氷る
すがりゐて草と枯れゆく冬の蠅（一八頁）

枯れて葉を落とした萩を「髄脈々と」と表現したところがおもしろい。じっと動かない「冬の蠅」を「草と枯れゆく」と表現したのもいい。

鶯の声芥骨のほかほかと燃ゆ（一〇頁）
ころろころろ蛙の声の昼永し（一九頁）

苔髭のすいすいとくらき木かげかな（二〇頁）

オノマトペを使った句もおもしろい。「芥骨」「苔髭」は『日本国語大辞典』においてどこにも見出すことができない。

六月三日（日）晴れ　――「カサガサ」と「ガサカサ」

新聞の「東京」面に「ツルツル・カサカサ…擬音語・擬態語をＡＩで数値化」という見出しの記事が載せられていた。「数値化」は少し興味深い。落葉を踏む音でいえば、「カサカサ」は「ガサガサ」よりも音が弱いというのが言語使用者の「印象」だろう。その「印象」が数値化できるのかできないのか。そんなことを考えていて思ったのは、「カサカサ」「ガサガサ」は「カサ／ガサ」を重ねた「畳語形式」だから「カサカサ」とか「ガサカサ」とはならないわけだが、「カサ」が3、「ガサ」が5で、「カサカサ」は6、「ガサガサ」は10というような（単純過ぎるが）数値化ができるなら、「カサガサ」は8といえるのかいえないのか。そして「カサガサ」も「ガサカサ」もともに数値としては8になってしまっていいのかどうか。明日の学部の授業で話題として採りあげてみることにしよう。

六月四日（月）晴れ　――アジサイの深い紫色

仕事場としているマンションから最寄り駅まで行く間に、アジサイが植えてある。植えてあるというよりも、丁寧に世話をしている人がいる。そのアジサイはとびぬけて深い紫色の花をつける。昨年もそうだったが、今年もそうで、少し前からそこで深い紫色を見るのが楽しみになっている。完全に花が開く前がことに美しく感じる。

六月六日（水）晴れ　――関係ないはず、「だが」

注文しておいた中村弓子『わが父草田男』（一九九六年、みすず書房）が届いた。中村草田男の三女が父を描いたものだ。少し前から草田男の俳句を読んでいるので、なんとなく興味をもって読んでみたくなった。本の「著者略歴」をみて、インターネットを調べてみると、中村弓子氏は一九四四年生まれで、お茶の水女子大学を二〇〇八年に定年退官している。哲学者、フランス文学者とのことで、さまざまな著書がある。

日常生活と作品とは関係がない、というのが筆者の主義だ。研究者の日常生活などと研究成果もひとまずは関係ないと考えたい。意地悪だからいい研究ができないとか、とてもいい人だからいい研究ができるとか、そういうものではないはずだ。「だが」、と実は思っている。研究を（ほぼ）職業にしている人は、自身の人生の大部分を研究が占めるのだから、最終的にはどのように生活するかということが研究と無関係であるはずもない。ほんとうに優れたバランスがとれた研究をする人の日常生活も精緻にバランスのとれたものであるはずではないかというのが、筆者の「だが」だ。

六月七日（木）曇り　――「バナナ虫」とは

関東甲信越が昨日、梅雨入りした。

大学院生と卒業生が研究室で「バナナ虫」の話をしていた。「バナナ虫」という語は聞いたことがなかったので、何かと思って画像を見せてもらったら「ツマグロヨコバイ」のことだった。東京の北東部あたりではこの語を使うらしいという分布図もインターネットにあった。大学院生はその地域に住んでいるので、東京の地域方言ではないかということになった。バナナにつくのではなく、姿がバナナのようだというところからの命名のようだが、知らない語はいくらでもある。

六月八日（金）晴れ　――最初の人間、最初の言語

上村忠男訳、ジャンバッティスタ・ヴィーコ『新しい学』上下（二〇一八年、中公文庫）が届いていた。文庫でもかなりなボリュームであるので、下巻の「訳者解説」をまず読むことにした。

ヴィーコの「発見」として「異教の最初の諸国民は自然本性上の必然からして詩人たちであり、詩的記号（carattere poetico）によって語っていた」（五八〇頁）というものがあることが述べられていた。つまり「最初の人間たち」は、「悟性的判断力はいまだ全然持ち合わせていなかった反面、全身がこれ感覚と想像力の塊であったにちがいない」（五八一頁）ということだ。また「ヴィーコの推理するところによれば、そのかれらはまた、かれらがみずからの特異な経験のなかで想像力をたくましくして作りだした神々や英雄たちの像を、つぎには、それに類似する経験を表示しようとするさいの普遍的な記号、つまりは語彙として使うようになったにちがいないのであった」（同前）ということだ。

最初の言語がどうであったかは、わかるはずがないと思いながらも時々考えることがある。そこに比喩というか、「同じもの」ということがかかわっていないだろうかと思う。具体的に、これとあれとは似ている。抽象的に、この現象とあの現象とは似ている。そういうことを表現するということが言語と

いうことに深くかかわっているのではないか。言語として最初に起動したのは「詩的言語」ではないかということだ。ゆっくり読みたい本だ。

六月九日（土）晴れ　――「ギョコツ」を知る

快晴といってよい。歩くと暑いくらいだった。今日は大学が行なっている社会人のための講座で一日講座を担当する。「日本語の謎を解く」という題にしたが、明治期の日本語についての話をするつもりで、明治時代の三大ベストセラーといわれることのある『輿地誌略《よちしりゃく》』『西国立志編』『学問のすゝめ』を実際に見てもらおうと思う。

帰宅する時に一駅先で降りて少し買物をする。長崎のビワがあったので、買った。今年の初物になる。フルーツタルト、カヌレがおいしい店があるので、そこでカヌレも買った。

新聞の「読書」面の「古典百名山」において、フロイトの「快楽原則の彼岸」が紹介されていたが、その文章の中に「物語化・歴史化に抵抗する、喉に刺さった魚骨のような出来事」という行りがあった。「魚骨」は「ギョコツ」という語を書いたものである可能性がたかい。しかし、これまでそういう語があるという認識がなかった。『日本国語大辞典』を調べてみて、びっくり。『落葉集』と『日葡辞書』にある。迂闊といえば迂闊。喉に魚の骨が刺さるとか、刺さったような気がするとか、そういう会話は何度もしているが、「サカナノホネ」という語を使っていた。しかしまた「ギョコツ」を会話で使う人はいるのだろうかとも思う。

六月一〇日（日）曇り時々雨　——日本語に「進歩」はあるか

新聞の「文化・文芸」面に、作家の黒川創による、先日亡くなった日高六郎の追悼記事が載せられていた。記事中には、日高六郎の戦後最初の論考は、「世の中には、開いていく時代もあれば、閉じていく時代もあるとするベルグソンの社会観に着目し、これを近代史劇のようにとらえて展開させるものだった。つまり、当時隆盛したマルクス主義の進歩史観に立っていない」とあった。

「進歩」ということをどうとらえるか、は重要だとずっと思っている。

言語に関していえば、今ある体系よりもよくなる、進歩するために言語が変化を続けているのだ、という「みかた／説明のしかた」がある。もしもそうだとすると、今の日本語よりも一〇〇〇年前の日本語はずいぶん「だめな日本語」ということになってしまう。そう考えると、少なくとも言語に関しては、だんだんよくなるということは認めにくい。

前よりもどうであれば「進歩」といえるのだろうか。東海道を足で歩くよりも、新幹線に乗って移動した方が「進歩している」といえるか。何と何とを比較しているのか。かつての旅は危険だった、というかもしれない。しかし、今日の新聞には新幹線内で殺傷事件があったことが報じられている。

六月一一日（月）雨　——古書の価格

台風が接近したために、雨が激しく降っている。

数日前にある古書肆に注文した『実地活用言文一致用文』『言文一致普通つづり方』『高等小学言文一

致文』『言文一致小学手紙文例尋常科』四点がいずれも「売り切れ」となっていたというはがきの連絡がきた。ファクスではなくて、電話をすればよかったかなと思ったが、同じような本を購入しようとする人がいるものだ。

時々「この本はなんでこんなに注文が重なるのですか」と古書肆に聞かれることがある。お客さんで五人目ですよ、という感じで、たくさんある本の中で、なぜこれだけに注文が集中するのかといったようなことを言われる。そういう時には、心当たりがあれば、「珍しい本なのだ」とか「価格が突出して安い」とか伝える。「ああ、そうなんですね」と古書肆も納得するが、そういうやりとりもおもしろいといえばおもしろい。今はインターネットを使って、どんな価格で取引されているかは、なんとなく「あたり」をつけることができる。しかしかつてはそうではなかっただろうから、古書肆も経験で価格を決めていたに違いない。その頃はさらにおもしろかったかもしれない。

かつて、東大赤門前のK古書肆が『英和対訳袖珍辞書』を目録に一万二〇〇〇円で載せていたので、すぐに買いにいったら、一二万の誤植だという。誤植なことはすぐにわかるのだから、絶対に一万二〇〇〇円では売れないとのことだった。こちらも若かったから、誤植にしてもいったん目録に載せてしまったらしかたがないのではないかと粘ったが、馬鹿を言うな、誤植であることは誰だってわかる、御前が素人だからそんなことを言うのだというようなことを言われた記憶がある。今となっては、これもおもしろい思い出だ。

六月一三日(水)晴れ　――幻の画家、橘小夢

注文しておいた『橘小夢《たちばなさゆめ》　幻の画家　謎の生涯を解く』(二〇一五年、河出書房新社)が届いた。

橘小夢は大正四(一九一五)年から『淑女画報』や『女学世界』(ともに博文館の雑誌)に挿絵やコマ絵を描き始め、大正末期から昭和初期にかけては挿絵で活躍したという。中学校を卒業した一六歳の時に上京し、洋画を黒田清輝に学び、日本画を川端画学校で川端玉章に学んだが、美術団体等に所属した記録は見いだせないとのことだ。小夢は、幻想小説、怪奇小説を執筆していた矢田挿雲、岡本綺堂、藤沢衛彦《もりひこ》、江戸川乱歩に挿絵を提供し、交流をしていた。皆川博子は『毎日新聞』の平成三(一九九一)年一二月一八日夕刊のコラムで小夢の「大正から昭和初期にかけての挿絵は頽廃的な媚薬のような気配が濃厚ですが、ことに小夢の絵にはビアズレーのモダンさと絵草紙の残虐美、そうして大正期のいささか感傷的・浪漫的な甘美さがまじりあった魅力があります」と述べている。

橘小夢は大正五年五月発売の『女学世界』春季増刊号から六年にかけて、橘朝夢《あさゆめ》という筆名で読み物も書いていたという。ほとんどの場合、挿絵も担当したとのことだ。大正五年一〇月号には「妖怪物語妬婦伝」という読み物を書いているが、筆名は「橘さゆめ」だ。「あさゆめ(朝夢)」から「さゆめ」がうまれ、それに漢字「小夢」をあてるようになったのだろうか。

六月一五日(金)曇り　――「虚飾のことば」を問う

新聞の「サッカー」面に「二人目の日本人指揮官　西野朗監督」という見出しがあった。「指揮官」

の「官」はどうして?と思う。なぜ二人目の日本人監督ではいけないのか。少し意地悪く言えば、かっこつけ、雰囲気だけのことば、と映る。サッカーのワールドカップ、オリンピックに際してはとくに、報道において急にこういう虚飾のことばが使われるようになる、と感じる。そういう「傾向」は気になる。スポーツだからまだいい。しかしそうでない場面で報道が「虚飾のことば」を使い、多くの人がそれに躍らされるということがないようにと切に思う。そのためには、ふだんから「虚飾のことば」に敏感になっていなければならない。論理の言語が崩壊しつつあるのではないかと思うし、それをまた平然とみているということはないのだろうか。

多田智満子『十五歳の桃源郷』(二〇〇〇年、人文書院)を読んでいて、先日のヴィーコと響き合うような行りに出会った。

> 畢竟、どんな形をとるにせよ、創作というものはギリシア的な意味における「想起《ムネーメー》」の上になされるにすぎない。二つか三つの基本的な「母型としての記憶」(因みに、記憶《ムネモンシュネー》は詩神《ムーサ》たちの母である)を思い出してしまえば、あとはそのヴァリエーションをいかに巧みに作りあげるか、という問題が残るだけだ。或る種の芸術家における執拗な同語反覆は、従って、くりかえしなぞられる祖型的な記憶の再認とみなすべきであろうし、反覆されるモチーフに対しては、それだけの「権威」を認めるべきであろう。かくしてこのしたたかな贋金づくりは、彼の存在そのものに根拠をもつところの真正な鋳型によって、その贋金を造り出してきた。(一九二頁)

「彼」は稲垣足穂のことで、「異類の人」と題された文章だが、多田智満子が澁澤龍彦夫妻とともに、生田耕作の案内で、稲垣足穂の家を訪れるという、びっくりするような話から始まる。それはそれとして、やはり「想起」、何かをおもう、ということがまずあって、それは「詩的言語」によって語られるということだろう。

六月一六日（土）晴れ　――教え子の受賞

先日は一〇年前の卒業生が講座を聴講しに来てくれたが、やはり一〇年ほど前のゼミ生が、『リマ・トゥジュ・リマ・トゥジュ・トゥジュ』（二〇一八年、講談社）という本を送ってきてくれた。「こまつあやこ」というペンネームでこの作品を書き、第五八回講談社児童文学新人賞を受賞したとのことだ。ちょっとかわったタイトルだが、マレーシア語で五が「リマ」、七が「トゥジュ」で、「五・七・五・七・七」のことだ。

在学時から本、特に児童文学が好きで、卒業論文には、明治期に日本語訳された『小公子』の訳を比較するというテーマを選んだ。また大学図書館でのアルバイトもやっていた。自分の教え子が、文学新人賞を受賞したのは、もちろん初めてだったので、驚いたと同時に、嬉しかった。こういうことがなくても、それはそれでいいのだが、あればもちろん嬉しい。少しずつ読み進めていって、読み終わったら感想文を書いて送ろうかと思っている。

六月一七日（日）曇り　――古書目録より

書窓会の古書即売目録が届いていた。大学三年生の頃に、東京古書会館で行なわれる、この即売会に行き、カードに名前と住所を書いて、古書目録が送られてきた時は嬉しかった。それから他にも同様の古書展に行って、カードに名前と住所を書いて、徐々に送られてくる目録が増えていった。大学生、大学院生の頃は毎回古書展に足を運んでいたが、最近では、目録から注文するだけということがほとんどである。しかし、とにかく目録には目を通すようにしている。

ほしいなと思ったものをすべて買っていたらたいへんなことになるので、そうはできないが、こういう本があるのだ、ということを知っておくことは大事だ。また最近の目録は掲載されている写真が鮮明であるので、それも楽しい。

今回の目録には邦枝完二『絵入草紙おせん』の写真が載せられていた。装幀は小村雪岱《せったい》で綺麗な本だ。ハンス・ベルメールの版画も出品されている。『鎮台日誌』『太政官日誌』が少しまとまって出品されていた。現在指導している大学院生が『太政官日誌』の漢語を調べているので、注文を出してみた。『太政官日誌』は複製があって、大学院生はそれを使って調査をしているのだが、やはり「本物の姿」を見ておく必要がある。入手できたら、大学の図書館に入れておきたい。

六月一八日（月）――アイヌ語の車内放送

新聞の「天声人語」欄に、北海道日高地方を走る道南バスがアイヌ語による車内放送を始めたということが採りあげられていた。大学の日本語学概論の時間には、日本は単一民族単一言語ではない、という話を必ずすることにしている。アイヌ民族がいて、アイヌ語が日本列島上で使われていることをきちんと認識してほしいからだ。野田サトル『ゴールデンカムイ』という漫画の話も載せられていた。そういえば、大学院生たちがこの漫画の話をしていた。読んでみようかと思った。

久しぶりに三島由紀夫『春の雪』を読み直してみた。冒頭にかなりの長さをもって、日露戦役写真集の中の明治三七(一九〇四)年六月二六日「得利寺附近の戦死者の弔祭」と題する写真の描写がある。新潮文庫(一九七七年)の「解説」で佐伯彰一は、三島が日露戦争を日本の近代化の一つの到達点ではなく、「死の季節の到来として描き出」していると指摘する。そのとおりであろう。

日露戦争に続くのは第一次世界大戦、日中戦争、第二次世界大戦で、日清戦争からといってもよいが、日本はずっと戦争を繰り返していく。『春の雪』そのものは、輪廻転生の物語といえようが、三島由紀夫がとらえた「死の季節」の「イメージ」を感じながらよむ必要がありそうだ。『春の雪』は昭和四四(一九六九)年に刊行されている。筆者は一一歳の頃である。作品を読んだのは中学校三年生から高校一年生の頃だったように記憶している。

六月一九日(火)晴れ ——大正時代の『電気と文芸』

電車に乗っていて、ふと見た東川口の住宅の広告に「台地に佇む駅近の逸邸」とあった。「駅近」は「エキチカ」という語を書いたものだろう。「エキチカ」は時々耳にする。もちろん語義は〈駅に近い〉もしくは〈駅から近い〉ということであろうが、それを略して「エキチカ」だ。その心は……「とりあえずまあ」を「トリマ」と略したり、「風呂に入るから離脱する」を「フロリダ」と略すこととあまり変わらないように感じる。つまり、もしもこの広告が高級感を出そうとしているのだとすれば、ことばづかいがそうではないということだ。もう一つさらに気になったのは、「逸邸」で、こちらは初めて見た。「イッテイ」を書いたものであることは明らかであるが、語義は〈秀逸な邸宅〉ということだろうか。

「逸」一字で、はたして〈すぐれた〉という語義がぴんとくるかどうか。これが鎌倉時代であれば、すぐれた馬や鷹などを「逸物（イチモツ／イチブツ）」と呼ぶことがひろく行なわれていたから、鎌倉時代人だったらわかるかもしれない。

『電気と文芸』という雑誌を入手した。表紙には「科学と芸術の融合雑誌」とある。入手したのは大正一〇（一九二一）年一月一日に発行された第二巻第一号だ。冒頭には「社論」として「電気界多事の年を迎ふ」という記事があり、それに、逓信省電気局長肥後八次の「動力電化の現状」、東京電燈株式会社常務取締役越山太刀三郎の「事業費より見たる電力料金問題」という記事が続く。東北帝国大学助手橘田茂雄の「直流特別高圧電力輸送に就て」という記事もある。まさに「電気」関連の記事だ。「文芸」はといえば、室生犀星の「活動写真雑感」、百田宗治の「シネマ雑感」があり、島木赤彦選の短歌が載せられ、「創作」欄に、室生犀星の「猫簇」、田山花袋の「海」、吉田絃二郎《げんじろう》の「三人」が載せられるといったかたちだ。

こういう雑誌があったということだけでも、大げさにいえば、驚きだ。大正時代といえば、「大正デモクラシー」や「エロ・グロ（・ナンセンス）」といった「標語」のようなもので漠然ととらえてしまっているかもしれないが、じっくり観察するとおもしろそうな時代だ。

大正時代は一〇〇年ほど前ということになり、「歴史」として語る対象になる一方で、現在との連続性もある。どのように「語る」かということが試される時代かもしれない。大正時代の日本語の研究もまだまだこれからだ。

六月二〇日（水）雨　――大正時代を知りたくて

大正四（一九一五）年四月一三日発行の『日本及日本人』第六五三号を入手した。大正時代のことを知りたくてのことだ。日本史の学習の中で三宅雪嶺の名前を知り、『日本及日本人』や『日本人』という雑誌の名前も知るが、「そこどまり」ということが多いのではないだろうか。そこでとまってしまうと「歴史は暗記科目」ということになる。

この号の表紙には「外に出兵内に干渉」「総選挙の経過及び影響」などとあり、「外に出兵内に干渉」の記事には「平和的手段を尽さずして兵を動かすは、不穏当なるのみにて断じて敢てす可らずと限らず」とある。ただし「得べくんば兵を動かさゞるの優れるに若かず」ともある。

雑誌にはいろいろな記事があり、いろいろな広告も載せられていることがおもしろい。海紅社から出版されている『海紅』という（おそらく）俳句文芸雑誌の広告が載せられていた。「同人近作」の中に河東碧梧桐、塩谷《えんや》鵜《う》平《へい》、中塚一碧楼《いっぺきろう》らの名がある。後日インターネットで調べてみると、「海紅誌は大正四年河東碧梧桐主宰、中塚一碧楼を総編集責任者として創刊され平成二七年三月一五日には創刊一〇〇年を迎え、平成二九年一月号には通巻一一五三集を迎える歴史ある自由律俳句月刊誌です」とあり、なんと現在も続いている雑誌だった。

『日本及日本人』には「玉石同架」という欄があって、本の紹介コーナーのようだが、紹介しておいて「玉石同架」はすごい。どれが「玉」でどれが「石」ということはないのだろうか。

六月二一日（木）　――「立身出世」の変遷

明治三六（一九〇三）年二月一〇日発行の『成功』（第一巻第五号）という雑誌をよむ。この雑誌には「立志独立進歩之友」という角書きがある。明治三七年には日露戦争が始まるので、その前年だ。この頃は「立身出世」や「成功」ということが話題になっていた。この雑誌は東京の「成功雑誌社」から刊行されており、そういう「空気」に反応しての出版であろう。「新渡戸博士立志談」、加藤弘之「余の所謂成功」、村上濁浪《だくろう》「成功は何を教えんとて世に出でしや」など、「成功」や「立身」を正面から採りあげた記事が目立つ。

こういう雑誌をよみ、現代はどうだろうと思うと、現代は「成功」や「立身」といった語がほとんど使われないような時代かもしれない。不安定、不透明な時代で、大企業と思われていたような企業が倒産したり、合併したり、外国資本に吸収されたりする。終身雇用などという語もあまり聞かれなくなったかもしれない。いい高校に入って、いい大学に入って、いい会社に入って、という「コース」そのものが成り立たなくなっているかもしれない。対応するのが難しい時代だ。

六月二五日（月）晴れ　――母国語と母語

昨日の新聞の「社会」面には「母国語話せる教員不在」という見出しの記事が載せられている。「母国語」はある人物が母国と思っている国で（おそらくはもっとも多くの人に、あるいは公用語として）使われている言語、「母語」はある人物が親など身近な人から教えてもらった言語、それはすなわち第一言語ということで、意味合いがまったく異なる。

記事で話題になっている留学生は「コンゴ民主共和国から二月に来日」しており、母国語がフランス語と記事にはある。調べてみると、コンゴ民主共和国では公用語がフランス語で、「国民語」としてスワヒリ語（キスワヒリ）、コンゴ語（キコンゴ）、リンガラ語、ルバ語を認めている。この留学生の第一言語が何か、ということについてはいろいろな可能性がありそうだし、「国民語」として四つの言語の使用を認めているのだとすれば、コンゴ民主共和国内では、フランス語を含めて五つの言語が使用されているはずで、母国語をフランス語と断定してしまってよいかどうか。

このあたり、大学では、日本語学概論の時間に毎年必ずきちんと話をするようにしている。こういうことが「グローバル社会」の常識として必要なのではないか。記事はそのあたりがゆきとどいていないように感じる。

六月二六日（火）晴れ　――はじめて知る作家

昨日と今日とはかなり気温が高かった。少し前からビワが売られるようになった。高知の室戸岬のあたりでは、山の斜面一面にビワがなっていたのを見たが、それが懐かしい。

六月一六日に大学で行なわれた優秀卒業論文発表会で、近代文学を専攻した学生が片岡鉄兵という作家について発表をした。片岡鉄兵という作家は知らなかったので、少し調べてみると、明治二七（一八九四）年に岡山県に生まれ、昭和一九（一九四四）年に没している。大正一三（一九二四）年には、横光利一や川端康成らと雑誌『文芸時代』を創刊し、新感覚派の一員として本格的に文学活動に入る。新感覚派としての作品として「綱の上の少女」「にがい話」「若き読者に問う」などがあるとのこと。昭和三年頃からは左傾化し、プロレタリア作家として活動するようになっている。新感覚派からプロレタリア作家へという「経歴」は興味深い。

まったく作品にふれたことがなかったので、新進傑作小説全集第五巻『片岡鉄兵集』(一九二九年、平凡社)を購入してみた。この集に収められている作品は「生ける人形」「死にきれず」などで、プロレタリア作家としての活動期に書いた作品が中心になっているようだ。「綾里村快挙録」には「村の繁栄とは、この時代では、働く者が××××××××××、金持ち共が益々それによつて××××といふ事であつた」(三三三頁)、「つい少し前に起つた×××××は、彼をひどく刺戟した」(三三九頁)のように、「×」による伏せ字箇所がかなり見られる。

録画してあった「ブラックペアン」というタイトルのテレビドラマを見ていたら、自身が探している人物の居場所を教えろと他の人に迫る場面で、居場所を「ユエヨ」と何度も発音していた。「イウ(言う)」は連体形と終止形のみ「ユー」であとは、「イ〜」と発音することが多いが、時として「ユワナイ」と発音する人がいる。この場合は、命令形も「ユ」が語幹になっているということだ。

「ペアン」も今まで知らなかった語だ。『日本国語大辞典』は見出しにしていない。止血用のペアン鉗子のことだが、こうした医療用語は日常生活と少し「距離」があるということだろう。

六月二七日(水)晴れ　――言語は「統一的」？

新聞の「リレーおぴにおん」欄に「ダークツーリズム」という語が使われていた。記事をよむと、戦争や災害、事件の跡などを訪れる旅のことだった。記事には「日本では、世界遺産は観光客を集める仕掛けと思われ、光の部分が強調されがちです。明るいところだけ見ていても、全体像はわからない」「日本は、戦争や災害を勉強の対象にしてしまいがちです」ともあった。

言語についても同じで、日本語学は「量的に分布が多い」ということばかりを話題にする傾向がある。その傾向は「言語は統一的であるのがあたりまえ」という、筆者にいわせれば誤った認識をうみだすに至っているとさえみえる。例外があることを認めず、なんでも統一的に説明しようとする。簡単にはわからないことがこの世には存在するということをまず認めるところから出発する必要があるのではないだろうか。自身がもっている知識、自身の経験で、この世のことのすべてが説明できるはずもない。「なぜ?」という問が浅いものになっていないか。

六月二八日(木)晴れ ――「ことばによって語る」こと

鷲巣繁男『遺稿集　神聖空間』(一九八三年、春秋社)に附載されている多田智満子「この空間を支えるもの」に「私は本書の未定稿を読んでいたとき、無知で冷淡な陪審員たちを意識しながら、不利な情況の中で、懸命に正体不明の被告を弁護している博引旁証の弁護士の姿をつい思いうかべてしまった。被告、それは詩人の感知し、形成した神聖空間である。神話と詩によってようやく可視的な輪郭を与えられるところの、或る永遠の空間である。そしてその永遠の空間でさえ、ことばによって語るとき、絶え間ない変容の中の一つの裁断面としてしか捉えられない。これが詩人の最も深い歎きであったと私は思う」(三二四頁)とあった。

「ことばによって語る」ことで、どれだけのことが語れるのか？　それは結局、日本語学においてもおなじことで、どう説明すれば、より多くの人と情報のやりとりができるのかということをよく考えるようになった。

六月二九日（金）晴れ　――澁澤龍彥の幼年時代

関東甲信越地域が梅雨明けで、六月中の梅雨明けは初めてとのことだ。「初めて」は記録を残しだしてからということだろうか。

池内紀『みんな昔はこどもだった』（二〇一八年、講談社）を少し読む。手塚治虫から野坂昭如まで一五人が採りあげられているので、どこからでも読むことができる。澁澤龍彥から読んでみた。副題は「のぞき眼鏡」となっている。

澁澤龍彥は昭和三（一九二八）年生まれだ。これは筆者の母親と同じ年の生まれだ。父親は大正一一（一九二二）年生まれなので、五歳年上ということになる。なんでそんなことを思ったかというと、池内紀が澁澤の「記憶にしみついた」（二一五頁）と述べている田河水泡『のらくろ』、『蛸の八ちゃん』『冒険ダン吉』『タンク・タンクロー』という題名は筆者が小さい頃、父の話の中でよく耳にしたものだったからだ。文章中に桑原甲子雄《きねお》『東京昭和十一年』（一九七四年、晶文社）という写真集のことが述べられていた。昭和一一年は、「二・二六事件」が起こり、スペインでは内乱が勃発し、ソ連ではスターリンによる大粛清が始まり、西安事件が起こり、阿部定事件が起こった年だ。

澁澤龍彥は渋沢栄一につらなっているようで、渋沢栄一は引退後に、北区飛鳥山に邸宅をかまえ、現在はそこが青淵文庫のある渋沢史料館となっているとのこと。迂闊にも澁澤龍彦が渋沢栄一につながるとは思っていなかった。澁澤龍彦が「澁澤」という表記を使うせいかもしれない。

この本の冒頭には「手塚治虫　永遠のひとりぼっち」が置かれている。手塚治虫の『ファウスト』をもう一度読んでみたくなった。

六月三〇日（土）晴れ　――「ゆう活」の謎

新聞に「ゆう活」という言葉があった。「ゆう活」って何？と思ったので、厚生労働省のホームページを調べてみると、次のようにあった。

現在、政府では、働き方改革の一環として、明るい時間が長い夏の間は、朝早くから働き始め、夕方には家族などと過ごせるよう、夏の生活スタイルを変革する新たな国民運動（「夏の生活スタイル変革（ゆう活）」）を展開しています。具体的には、夏の時期に「朝型勤務」や「フレックスタイム制」などを推進し、夕方早くに職場を出るという生活スタイルに変えていくものであり、それぞれの企業や働く人の実情に応じた自主的な取組を可能な範囲で実施いただくものです。

そして次のようにもあった。

ゆうやけ時に
悠々とした時間が生まれる。
友人と会える。
遊ぶ時間が増える。

家族で過ごす優しい時間ができる。（以下略）

「ゆう活」の「ユウ」は右のようなところからのものだった！

七月　知らないいくらでもある日本語は

『善太と三平』坪田譲治著、童話春秋社、1940年

七月一日（日）晴れ　——五〇年前を思う

新聞の「日曜に想う」欄に、五〇年前の一九六八年は「パリ五月革命やプラハの春といった、既成の権威への抵抗や民主化の動きが地球規模でうね」り、その年のクリスマスイブにアポロ八号が「初めて月軌道を周回した」ことが記されていた。そして、アポロ八号から撮られた写真とレイチェル・カーソンの『沈黙の春』が一九七〇年に発足した米環境保護局（ＥＰＡ）がつくられるきっかけになったとあった。『沈黙の春』からもう五〇年以上経ったとは思っていなかった。

神谷光信『評伝　鷲巣繁男』（一九九八年、小沢書店）を読む。鷲巣繁男は大阪・日野草城《そうじょう》の『旗艦』、東京・嶋田青峰《せいほう》の『土上《どじょう》』などに投句していたことが記されていた。「春の雲をとこ倨傲にして病めり（病床）」「麗日の水銀を秘めわが静臥（検温時）」が昭和一五（一九四〇）年六月号の『旗艦』に載せられているということだ。「『土上』には金子兜太なども投句している」（一〇六頁）とあった。「あとがき」には「博識を謳われた繁男だが、彼の蔵書の一冊でも手にするならば、東西古今の詩をひとつひとつ丹念に詠み込むことから彼の絢爛たる美的世界が築かれたことが理解されるだろう」（四一六頁）と記されている。やはり必要なのは、丁寧で精緻なよみを試みることだ。

七月二日（月）晴れ　――三八〇枚のかるた

多和田葉子のロングインタビューが載せられていたので『群像』第七三巻第七号を購入してあった。よもうとして手にとってみて、本文用紙の一部に、こうした雑誌にしては厚手で、手触りのいい紙が使ってある箇所があることに気づいた。「歳時創作シリーズ」と謳われている箇所のみのようだから、そこだけ紙質を変えたということなのだろう。「工夫」といえば「工夫」であるが、すぐには評価しにくい「気分」が残った。この「気分」が何かについては、ゆっくり確認してみたい。

届いていた臨川書店の新収古書目録をみかえす。江戸期につくられた『古今和歌集』のかるた（読み札三八〇枚、取り札一一八枚、白紙八枚）、木函入り一八万円が出品されていた。読み札と取り札の枚数が著しく異なるのは、取り札が紛失しているということだろうか。『古今和歌集』には一一〇〇首以上の和歌が収められている。三八〇は、およそ三分の一であるが、まずどの和歌が選ばれているのだろうと思う。そして、これを使って「かるたとり」はできたのかできなかったのか。

七月三日（火）晴れ　――気になる「っ」

大学の奥庭でニイニイゼミが鳴いていた。先週ミンミンゼミを聞いたのが今年のセミの聞き始めだが、順番としてはミンミンゼミは早すぎた。だから突発的なものだろう。梅雨明けにニイニイゼミが鳴くのが順番というものだ。

坪田譲治『善太と三平』(一九四〇年、童話春秋社)をよむ。

『子供部隊だぞ。戦争に行くんだぞ。』

金太郎クンが言ひました。

『ホンタウに戦争に行くの。』

丁度そこにゐた金太郎クンの小さい妹が言ひました。

『ホンタウさあ。』

『フーン、ホンタウならキャラメルあげる。』

さう言って、妹はキャラメルを一箱くれました。それで金太郎クンはどうも少し気の毒になったらしく、妹の頭をなでゝ言ひました。

『戦争にはね、僕達大きくなったら行くんで、今はいく稽古だけなんだ。』

こういう話柄が少なからずみられる。昭和一五(一九四〇)年には児童文学作品もこのような状況であった。

そのことはそのことで考えなければならないが、気になるといえば、「大きくなったら」の促音の位置には小書きの「つ」が印刷されている。それが真ん中よりも少し上で、おそらく活字がそうなっているのだろう。

七月四日（水）曇り　――詩集の装幀

『明治・大正詩集の装幀』（二〇一二年、紫紅社文庫）という文庫本サイズの本がある。タイトル通り、明治、大正期に出版された詩集の装幀が紹介されている本で、見ていると楽しい。

表紙カバー袖と、表紙見返しには、北原白秋『邪宗門』の初版（石井柏亭《はくてい》挿画）、再版（高村光太郎装幀）、改訂第三版（北原白秋装幀）が並べられている。やはりここからか、と思う。初版と再版とは所持していて、改訂第三版は大学図書館にある。ここ数年、北原白秋の詩作品を授業で学生と読んでいて、毎年まずこの三つの版を学生に紹介する。

蝶が印象的な島崎藤村の『若菜集』は筆者も所持しているが、装幀は中村不折《ふせつ》ということはきちんと認識していなかった。島崎藤村『一葉舟《ひとはぶね》』も、『落梅集』も中村不折が装幀、口絵、挿画を手がけている。与謝野鉄幹、晶子の合著詩歌集『毒草』は藤島武二の装幀、口絵、挿画だ。岩野泡鳴《ほうめい》『夕潮』は青木繁が表紙、口絵を担当している。薄田泣菫《すすきだきゅうきん》『二十五絃』の装幀は岡田三郎助だった。

七月五日（木）曇り　――「精読」の可能性

今年はサクランボがおいしいように感じる。おいしいと思ったシーズンはそのおいしいと思った果物をせいぜい食べるようにしている。自然のことだから、毎年同じとは限らない。今年はサクランボを何度も食べた。

『週刊読書人』第三一四四号（六月二二日）に「ポール・ド・マン事件とは何だったのか⁉」という見出

しの記事が載せられていた。記事は『ポール・ド・マンの戦争』(二〇一八年、彩流社)を刊行した土田知則と、巽孝之との対談である。「若きド・マンの文章を「精読」、検証する」という見出しもあった。

ポール・ド・マンが……という前に、ポール・ド・マンを精読した結果が書物として出版される一方で、何か日本のものが「精読」されるということはあるのだろうか、とまず思った。斎藤茂吉精読でもいい、西田幾多郎精読でもいい、そういうものはある程度はあるのだろうが、例えば一～二万部売れることをめざす新書の企画として編集者に話したら、一笑にふされるだろう。「そんなものを誰が読むのですか?」ということだ。言語や思考をめぐって、この国では何が大事にされるのだろうかと思うことが、時々いやしばしばあるようになった。

人間は、というと大げさであるが、文字化された言語によって、どれくらいの緻密さで情報を交換できるのだろうかと思う。「はなしことば」には「はなしことば」による情報のやりとりがあるが、「書きことば」による情報のやりとりはやはりいつになってもなくならないはずだ。文字化ということをしっかりと考える必要があると思うが、それはもはや筆者が専門とする日本語学という枠組みに収まっていないようにも思う。困ったことだ。いや、困る必要はないのか?

七月七日(土)晴れ　――ベルクソンの系譜

中国、四国地方で大雨が降っている。高知大学の教え子にＬＩＮＥで連絡をしてみると、高知市内はまだ大丈夫だということだった。

中村弓子『わが父草田男』をよむ。この中に、中村弓子が卒業論文にベルクソンを扱うことになって、

「父のところに、非常に古い版の『創造的進化』があることを思い出して一応貸してくれと頼んだ。それは昭和十九年に、すなわち私の生まれた年に、第一書房から刊行された吉岡修一郎訳だった」(六頁)という行りがあって、少し驚いた。驚いたというよりは、「またこうやってつながっていくのか」という思いだった。

少し前に書いていた原稿で大正時代のことを扱った。その中で、大正時代にベルクソンが与えていた影響の大きさがわかった。有島武郎も大杉栄もベルクソンを読んでいた。そんなこともあって、少しベルクソンの本を買い集めていたところだった。中村弓子は草田男が「「この本を子供が読むようになったかねぇ！　この本を子供が読むようになったかねぇ！」としばらく感嘆してから初めて渡してくれた」(六頁)と記している。中村草田男もまたベルクソンを読んでいた。中村弓子は一九四四年生まれで、中村草田男は一九〇一年生まれだ。中村弓子が大学四年生すなわち二二歳の時に、草田男は六五歳。現在六五歳の人でベルクソンを読んでいる人がどれだけいるだろうか。時代は違うから、比較してもしかたがないことかもしれない。しかし、哲学の本を読むか読まないかは、人間に違いを生じさせるようにも思われてならない。

七月九日（月）晴れ　――ハリネズミの「だいじょうぶです」

六月三〇日の新聞の「読書」面で、トーン・テレヘンの『きげんのいいリス』(長山さき訳、二〇一八年、新潮社)が紹介されていた。おもしろそうだと思って注文したが、同じ作者と訳者による『ハリネズミの願い』(二〇一六年、新潮社)も一緒に注文した。

親愛なるどうぶつたちへ
ぼくの家にあそびに来るよう、
キミたちみんなを招待します。
でも、だれも来なくてもだいじょうぶです。（六頁）

ハリネズミはペンを噛み、また後頭部を掻き、そのあとに書き足した。

「孤独」ということについての哲学的な話のようにみえる。いや、「哲学的」という形容詞はなくてもいいのかもしれない。それにしても、「だれも来なくてもだいじょうぶです」は原文はどうなっているのだろう。このような「だいじょうぶ」にはもはや慣れてしまって、違和感をあまり感じなくなっている。

七月一〇日（火）晴れ　――行書の表札

萩原葉子『天上の花　三好達治抄』（一九六六年、新潮社）を読み始める。萩原朔太郎の末妹愛子（アイ、『天上の花』の中では慶子）と佐藤惣之助が結婚していたことを初めて知った。

三好達治は佐藤春夫の姪と結婚していて、惣之助の没後に、妻と離婚して、愛子と結婚しようとしていた。離婚にあたって、谷崎潤一郎が、吉村正一郎、桑原武夫の立ち会いで「養育費、教育費、生活費を仕送りする」という内容の契約公正証書を作ったことが記されている。昭和一九（一九四四）年五月一八日のことだ。

三好達治は愛子と福井で暮らすのであるが、その家の描写中に「カステラの空箱を利用したらしい板片に「三好寓」と、行書で書いてあった」（三九頁）とある。『天上の花』は萩原葉子の「想像から創ったもの」（あとがき、一八七頁）であるので、実際にそうであったかどうかはわからないが、少なくとも行書で表札を書くことがなかったら、こうは書かないとすれば、当時は行書書きの表札もあったことになる。現在では考えられない。こういう「細部」に文字生活がどうであったかがあらわれてくるところがおもしろい。

七月一二日（木）晴れ　――辞書にもインターネットにもない情報

大学の奥庭では、ニイニイゼミ、ミンミンゼミが鳴いていた。木曜日は会議日で、今日も会議が三つ連続していた。大学入試のありかたを考えなければいけない時期なので、教授会も時間が必要になってきている。高校生が自分の学習活動や課外活動などを記録するeポートフォリオというものがあって、それが大学入試などでも使われるようになりそうだ。

くずし字解読の授業で使うために、「酒呑童子物語」の巻物（一八メートル）の購入を所属学科に認めてもらう。こういう対応ができるところがよい。ありがたいことだと思う。

久しぶりに江戸川乱歩『蜘蛛男』（一九三五年、平凡社）の続きを少し読む。「合《あひ》トンビの下に細い結城絣の一重物、塩瀬の一重羽織、白足袋にフエルト草履といふ、少しいや味な興業師といった風体の四十がらみの男だ」（三四四頁）という行りがあった。『日本国語大辞典』は「フェルトゾウリ」は見出しにしているが、「アイトンビ」は見出しにしていない。こういう服飾関係の語は使われなくなると辞書の見出しにもなりにくい。そして、使われていないために、どういうものであるかがわかりにくい。学生と明治期に出版された女性向けの雑誌を読んでいるが、髪型とか髪飾りとかの名前がわかりにくいし、辞書にも載せられていないことが少なくない。こういう「情報」はインターネットでもうまくキャッチできないことが多い。「バラック建《たて》」(三四六頁)、「うねり道《みち》」(三四九頁)も『日本国語大辞典』が見出しにしていない。

七月一三日(金)晴れ――「毛断ナイズ」はどこから

十一谷義三郎《じゅういちやぎさぶろう》『キャベツの倫理』(一九三〇年、新潮社)の続きを読む。「組子は、凡てに毛断《モダ》ナイズされた学校の出で、踊子《ダンサー》のやうな脚を持つた女だが」(八四頁)という行りがあった。『日本国語大辞典』は「モダナイズ」を見出しとしていないが、ここではその「モダナイズ」が「毛断《モダ》ナイズ」と書かれている。どういうところからこのような表記が採られたのだろうか。「みんな高襟《ハーカラ》だなあ」(九〇頁)の「ハーカラ」はこの語形でいいのだとすれば、『日本国語大辞典』は「ハーカラ」を見出しにしていない。「ハイカラ」もしくは「ハイカラー」の誤りだったとしても、『日本国語大辞典』が記している語義とは少し違うように思われる。

七月一四日(土)晴れ――「ビザビ」?

「はじめるなら今!　××の個別ビザビ」という学習塾の広告が新聞に入っていた。「ビザビ」についてはその広告に何も書かれていなかったので、調べてみると、英語でよく使われる外国語の表現の一つで、フランス語由来のものだった。「vis-à-vis」で、英語なら「face to face(=顔をつきあわせて・差し向かいで)」という語義だ。英語を使う人の間ではよく使われるのだろうか。かなり身近で具体的な存在であると思われる（つまり洒落た「雰囲気」を売りものにするようなものではないと思われる）学習塾の「売り文句」に、こういう外国語が使われるようになったのだと思った。

今日は東京ビッグサイトで、大学の広報活動のために、三〇分間の模擬授業を行なった。思っていたよりもずっと大きなイベントで、相当数の高校生が来場していた。模擬授業を聴いてくれたのは二〇〇人弱ぐらいだったか。自分が入る大学を選ぶために、高校生がエネルギーを使っていることが実感できたし、それがまた一つの「ビジネス市場」となっていることもよくわかった。教育にはお金がかかる。

帰宅してから、室生犀星『青い猿』の続きを読む。「松平はムンズリと不機嫌に黙つたまゝ、何も言出さなかつた」（四三頁）の「ムンズリと」は『日本国語大辞典』が見出しにしていない。こういうオノマトペあるいはそれが副詞化した語は、新しくつくることも可能で、ために辞書にも載せられていないことが多い。

オノマトペといえば、宮沢賢治が独特なオノマトペを使うことで知られているが、それは宮沢賢治に限ったことではない。「心底《しんぞこ》」（四四頁）は、振仮名に過誤がなければ、「シンゾコ」という語形があったことを示しているし、「お前《まへ》だち」（同前）の「だち」も過誤がなければ「オマエダチ」という語形があったことを示している。この本にはあまり誤植がみあたらないので、これらは過誤ではないとすれば、小異のある語形ということになる。「秋川龍之《あきかはたつゆき》は彼とは年下だが、書き物の上ではずつと先に文壇に出てゐる男だつた」（四九頁）の「彼とは年下だが」も現代日本語では採らない形式である。

七月一五日（日）晴れ ——縦書きの「2」

新聞の大きな見出しに「2」という算用数字が使われているのをみて、そうか、この新聞は縦書きの文章の中でも算用数字を使っているのだ、ということに改めて気づいた。ずっとそういう文章を読んできたのだが、そこに意識が及んでいなかった。どの記事でもそうなっている。

学生の書くレポートや卒業論文の指導では、「縦書きの文章中では漢数字を使う」のが基本だと言い続けてきたが、学生が目にする文章でそうでなければ、そのうち「なぜそうしなければいけないか」という疑問が出て来るかもしれない。縦書きの文章中に算用数字を使うとたしかに数字は認識しやすい。「3連休初日」とあると「3」が目に入ってくる。そこだけ切り取られるというか、筆者にはそんな感じがして、「デジタル的」と感じる。文章は縦向きに読んでいき、そのところどころに算用数字がデジタル的に置かれているといえばよいだろうか。書き方の変化は、最初は「書き方の変化」なのだろうが、次第にもっと「深いところ」に影響を及ぼしていくようにも思う。

七月一六日（月）晴れ　――夏の風景

品川から大学までいつも歩いている道と少し違う道を歩いてみた。すると、道沿いの家の塀からモミジアオイの紅い花が見えた。モミジアオイは紅蜀葵《コウショクキ》とも呼ばれる。筆者が子供の頃には、実家の庭に植えてあった。その場所は、父親が仕事場とするために離れを作った時になくなってしまったのだが、今でもよく覚えている。ちょうど縁側から見た庭の中央奥だった。この季節になると紅い花を咲かせ、クロアゲハがよくその花に来ていた。クロアゲハと紅蜀葵は、筆者の夏のイメージを形成している。その手前にはトラノオがあって、そのまわりにはベンケイソウがあるというのがいつもの庭だ。ベンケイソウの花には、時々緑色のハナムグリが来ていた。

七月一七日（火）晴れ　――目の毒

帰宅後、届いていた石神井書林の目録をみる。巻頭に、萩原朔太郎が有島生馬《いくま》に献呈した献呈署名入りの『月に吠える』（大正六〈一九一七〉年、感情詩社）とアルスから出版された第二版（大正一一年）が載せられていた。前者は一二九万六〇〇〇円！　こちらは詩二篇が削除されている初版で、後者は二七万円。どちらもなかなか個人では買えない価格だ。

中村草田男『火の島』の全原稿も一六万二〇〇〇円ででている！　ほしいが、やはり個人ではなかなか買いにくい。あいかわらず、石神井書林はいいものを揃えているが「目の毒」かもしれない。

七月一八日（水）晴れ　――史実とフィクション

マリオ・バルガス・ジョサ著、寺尾隆吉訳『マイタの物語（Historia de Mayta）』（二〇一八年、水声社）を読み始める。例によって、「訳者あとがき」をまず読む。

この本の帯には「フィクションのエル・ドラード」とある。「訳者あとがき」には「本文中でも何度か繰り返されるとおり、『マイタの物語』に着手した時点でのバルガス・ジョサにとって、歴史小説の構築とは、史実を正確に把握した後に想像力でこれを歪めてフィクションに仕上げること、端的に言えば、真実を知ったうえで嘘を書くことにあった。だが、関係者の証言を集めていくうちに彼が直面したのは、そもそも史実を知ることができないという事態だった。悪意のない記憶違いもあれば、意図的な歪曲や誇張、さらには、嘘の自覚すらなくなった嘘もあり、証言がいつも食い違うため、反乱の全貌はいつまで経っても見えてこない。最後の希望となった首謀者ハシント・レンテリーアでさえ、作品の最終章で明かされているとおり、事件についてほとんど何も覚えていない。つまり、ハウハの反乱という史実自体がすでにフィクションとなっていたのだ」(三二〇〜三二一頁)とあった。別の箇所には「三つのフィクション」として「文学、歴史、イデオロギー」(三二一頁)とある。

「フィクション／ノンフィクション」あるいは「メタフィクション」ということについて、このところよく考える。そして、どうやってそれらを語るか。その中心に「比喩」があるのではないかという気がする。

七月一九日(木)晴れ　――綺麗な本

木ノ下葉子『陸離たる空』(二〇一八年、港の人)を港の人の上野勇治さんから頂戴した。港の人はあいかわらず、綺麗な本をつくる。「綺麗な」は装幀が綺麗であることはもちろんそうであるが、「すっとした精神」のようなものがかたちになっているように感じる。挟まれている栞には助川幸逸郎の文章が記されているが、表現が練られているというか、よい。

七色に滲み出したるアスファルト紙風船は雨に踏まれぬ(三一頁)

こういう感覚をよんだ歌を他にも読んだように思う。誰の歌だっただろうか。これが筆者とは違う世代、若い世代の感覚なのだろうか。

七月二〇日（金）晴れ　——知らない日本語はいくらでもある

宇野浩二『子を貸し屋』（一九二四年、文興院）をよんでいて、「さうでなくつても、少なくもこの場でだけでも、自分を指してくれるだらうと楽んだのであつた」（七六頁）という文に遭遇した。

この「スクナクモ」にはちょっとした記憶があった。筆者の出身大学の雑誌に投稿した論文だったような気がするが、さだかではない。論文の中に「スクナクモ」を使っていたのだが、その箇所に査読委員から訂正要求、もしくは誤りの指摘があって、これは「少なくとも」の誤りだろうから、再提出の際には訂正しなさいということだった。「え？」と思って、『日本国語大辞典』を調べて、ちゃんと見出しとしても載せられていることを確認し、その部分のコピーを送った。返事は「知らなかったので失礼した」というようなことだったが、調べればわかることなのに、と思った記憶がある。その査読委員は自身の使う日本語によほど自信があるのだろう。筆者の「感覚」は自身がまだ出会ったことがない日本語はいくらでもあるだろうというもので、だからこそ、おもしろい。

七月二三日（月）晴れ　——『火の島』を買う

大暑。迷っていたが、結局中村草田男の第二句集『火の島』（一九三九年、龍星閣）を購入した。購入したのは、昭和一五（一九四〇）年三月二〇日に出版されている第四版だ。

しばらく前までは、「本文」がよめればいいと思っていたので、函のない、古本屋が「裸本」と呼ぶものでも購入していた。函がないものは当然函付きのものよりも廉価だからだ。しかし、『詩的言語と絵画』（二〇一七年、勉誠出版）を出版させてもらってから、函の装幀も気になるようになって、少し高くてもできるだけ函の付いているものを購入するようになった。

購入してわかったが、表紙見返し頁に「題簽　高村光太郎先生」とあって、タイトルの文字は高村光太郎が書いたということだ。それで、中村草田男ができあがった本を高村光太郎に届けにいったということだった。

見返しの次の頁には、「或説―神楽歌―」「なにわざを。われはしつ、か。」とあり、さらに続く頁には「to M.N. & N.N.」とあった。誰のことだろうか。そして、昭和一一年と題された頁へと続いていく。

　蜆蝶廃園の木々相凭れ
　廃園や燕も嘴《はし》を胸にうめ（一七頁）

三木露風《ろふう》に「廃園」というタイトルの詩集があるが、「ハイエン（廃園）」はよく使われる語だったのだろうか。一定のイメージを喚起する語として詩人の間のいわば「流行語」だったか。

　きり〳〵す時を刻みて限りなし（一八頁）

夏の草むらで、キリギリスが遠くまで聞こえるような大きな声で鳴く。「キリキリキリキリ」と鳴いてはちょっと鳴きやみ、少しするとまた鳴き始める。それが「時を刻みて限りなし」だろう。

今見ると川ともいえないような小さな流れが実家の前にある。小さな橋を渡ったところが実家の門だった。門を出ると右手に（今はアパートになってしまっているが）「材木屋さん」があった。その前の土手が夏になると一面の草むらで、そこでキリギリスがよく鳴いていた。鳴き声は大きいけれども近付くと鳴きやんでしまうし、なかなかつかまえることはできなかった。見えないところで時を刻むという感覚が掲出句にはよくあらわれている。

七月二四日（火）晴れ　——川端康成『みづうみ』を読む

筆者が担当している授業は、前期は今日で終わりになる。なんとかやってきたが、忙しかったという感じがしている。三月に博士号を取得した教え子、三月に修士課程を終えてこの四月から博士課程に進んだ教え子、少し前に結婚した教え子の「お祝い」をきちんとしていなかったので、授業終了を機にお祝いをすることにした。暑いさなかではあるが、授業内講演をしていただいた元同僚の荒尾禎秀先生とともに五反田にある秋田料理の店に行く。教え子たちには、筆者の本をプレゼントした。

帰宅後、先日急に読みたくなって買っておいた川端康成『みづうみ』（一九五五年、新潮社）を読む。一九五五年に刊行された版なので、筆者が生まれるより前のものであるが、綺麗な本だった。装画は徳岡神泉、題簽は町春草。中学・高校の頃は青いカバーの新潮文庫で読んでいたので、そちらも購入した。新潮文庫の解説は中村真一郎が書いている。解説には三島由紀夫が『みづうみ』の「不快な読後感を」中村真一郎に「情熱的に聞か」せたために、中村真一郎が「逆に次第に強い興味を抱《いだ》くに至った」（一三七頁）と記されている。

『みづうみ』はかつて読んだ時とはまったく違うように感じる。おそらく自身が反応するところが異なっているのだろう。

七月二六日（木）曇り　――翻訳との出会い

『マイタの物語』の続きを読む。

呼吸を整え、新聞をめくり、朝食をとり、シャワーを浴びて仕事に取り掛かる間も、まだマイタはそこにいて、彼の姿が見え、声が聞こえ、まだしばらく消えないだろう。（一六頁）

右の「まだしばらく消えないだろう」はマイタの声が、ということだろうか。「彼の姿が（私には）見え、（彼の）声が（私には）聞こえ」という理解でいいとすると、日本語としてはいささか不整に思われる。こういうことがたぶん中学生の頃に気になった。

中学生の頃に文庫本を買って読むことをおぼえ、実家のそばの「目耕堂」という小さな本屋に足繁く通い、文庫が並べられている薄暗い本棚の前に長い時間陣取って、少ない小遣いで、どれを買うかを考えた。難しいものはまだ読めないし、選ぶのには時間がかかった。それで結局日本人作家のものとしては、武者小路実篤のものから読み始めたように思う。同時に、外国人作家のものとしてサマセット・モームのものを読み始めた。その頃だったと思うが、外国人作家のもの、つまり翻訳作品は読みにくいと感じた。そして、今自分が読んでいる日本語が原文ではないと思うと、興ざめのような感じを受けた。どこまでも表現を考えていくことはできないということがその原因だった。

それはそれとして、いずれかの言語を日本語に翻訳するということは、それぞれの言語や文化を対照させるということだから、いろいろな「ことがら」が浮かび上がるのはむしろ当然だろう。それを楽しむという気持ちも必要かもしれない。

七月二七日（金）曇り　――「いぬいぬって　ことば」

台風一二号が接近してきているために、少し気温が低い。

『かいじゅうたちのいるところ』や『まよなかのだいどころ』で知られるモーリス・センダックの絵本『ちょうちょのためにドアをあけよう』（木坂涼訳、二〇一八年、岩波書店）をよむ。

「ジュースが　ないとき　のむものは　なしジュース」「いぬいぬって　ことばも　しっておくと　いい／かがみを　みている　いぬが　いたら　それは　いぬいぬ」「ぶっこわれしゃって　ことばも　しっておくと　いいよ」。これらは原文では何らかの「ことばあそび」になっているのだろう。インターネットで調べてみたら、「いぬいぬって～」は「Dogdog is a good word to know in case you see a dog and you see it in a looking glass too」が原文であることがわかった。

「せかいには　いろんな　かたちの／みみが　ある」「ものがたりの／いちばん　いい　おわりかたは／「おうじさまと　おひめさまは／ずっと　しあわせに　くらしましたとさ。／ねずみたちも　いっしょにね」」。なかなかいい。

七月二九日（日）曇り　――オープンキャンパスで

今日はオープンキャンパスがあって、夕方、小論文対策講座を担当する。この講座は、聴きに来てくれた高校生に小論文の書き方を説明し、実際に課題を出して、それを大学に提出してくれたものについては添削をして返送するということをずっとしてきている。そのために、講座が終わってから添削をすることになる。ここしばらくは、毎年担当しているが、この講座がおもしろかったから受験したということを入学後に保護者の方からきいたことがある。そういうことは稀であろうが、嬉しかった。単に技術的なことを説明するのではなく、どういう心持ちで書くかということに説明の重点を置いている。

七月三〇日（月）晴れ――丸山眞男の「正統と異端」

昨日は大学でツクツクホーシが鳴いていた。今年初めて聞いた。

新聞の「文化・文芸」面に「「正統」なき日本　思想たどる」「「異端」排除　メカニズム探る研究」という見出しの記事が載せられていた。丸山眞男の未完に終わった研究会の記録が「正統と異端」をテーマとして、『丸山眞男集』（岩波書店）の続巻である「別集」の第四巻としてまとめられたという記事だ。「非国民」という語が使われるのに、「国民」が定義されていない、「国体」という語が定義されずに使われていた、というようなことが記事には書かれているが、よくわかる。「正統なき異端」だ。右にひいたように、そのようになる「メカニズム」を探る研究ということであるが、「メカニズム」や「システム」というよりは、民族としての「心性（メンタリティ）」ではないか。とにかく興味深いテーマである。亡父はキリスト教の「正統と異端」についても研究していたので、「異端」について話をした記憶が断片的に残っている。

三浦雅士『孤独の発明』（二〇一八年、講談社）を読み始める。筆者にとって三浦雅士は『現代思想』の編集長だ。大学の頃、生協の書店で『現代思想』を買って読み始め、次第にバックナンバーを買うようになり、そのうちに『ユリイカ』の編集長もつとめていたことを知った。調べてみると一九八二年には青土社を退社している。三浦雅士が『現代思想』の編集長をやめると知って驚いた記憶がある。「あとがき」の冒頭にはフェリーニの映画『甘い生活』の話が記されている。筆者が『甘い生活』をみたのは、大学入学後だから、だいぶ遅い。冒頭のキリスト像を宙づりにしたヘリコプターの場面はやはり強烈な印象だった。しかしその時は、「神の死が主題なのだ」(『孤独の発明』五四三頁)ということに思いを致すことはできなかった。

七月三一日(火)晴れ ——人間の言語とは?

『孤独の発明』の二日目。

「思考は書かなければ記憶されない。展開しない」(五四四頁)。

「犬も猫も、自殺もしなければ、残酷行為もしない」(五四五頁)。

思考は書かなければ展開しない、はまったく同感だ。むしろ書くことによって展開していくといったほうがよい。言語を使って思考している以上、書くことによって思考は(いったんにしても)かたちをもち、その「かたち」が起点となって次の思考へと展開していく。論文の書き終わり直前あたりになると、次の論文のテーマがかたちづくられていくという経験がある。次のテーマが消えないように、今書いている論文をはやくしあげなければ、と思う。

犬や猫はすなわち動物であるが、動物のコミュニケーションと人間の言語との違いについては、毎年日本語学概論の時間に必ずする。人間の言語は「生体反応」ではないから、嘘もつけるし、架空の話もできるし、過去の話もできる。人間の言語は「今、ここ」を離れていることに特徴がある。「人間だけが相手の身になってその苦痛を楽しむのだ」（五四五頁）はまだすみずみまでよく理解できているわけではないが、自身を離れたことがらを思い、考えることができるということだろう。「残酷行為」と「嫉妬」は似ているのではないか。他者を自分とかかわりのない他者ではなく、自分とかかわりのある他者ととらえることが「嫉妬」の根柢にありそうだ。三浦雅士には『メランコリーの水脈』（一九八四年、福武書店）という本がある。注文したが、「メランコリー」に「水脈」があるならば、「嫉妬」にも「水脈」がありそうだ。「嫉妬の文学史」はどうだろう。「嫉妬」はどう文学作品の中で描かれてきたか。それを「テーマ」ではなく、言語表現の面から分析する。そういえば、ロブ＝グリエに『嫉妬』という作品があったはずだ。

夕刊の「美術」欄において、鈴木春信の「水仙花」という作品が採りあげられていた。「美のモチーフを周到に重ねて恋愛劇を演出した点に、「青春の浮世絵師」と呼ばれた名手の神髄がある」という文で終わっている。わからないことが二つある。一つは鈴木春信はいつ「青春の浮世絵師」と呼ばれたのかということだ。江戸時代にそう呼ばれたとは考えにくい。となると明治時代以降ということになる。もう一つは、当該作品は作品上部に「水仙花」とあって、「花姿霜にしやれたる水仙は葉さへひとねち人をなすます」という和歌が添えられている。解説はこのことにまったくふれていない。

「なすます」はほんとうは「なつます」で「ナズマス」すなわち〈思い煩わせる〉という語義の語であろう。「水仙」は「仙」の字が入っているので、中国語として考えると〈水の仙人〉といったような語義をもつ。「葉さへひとねち」は〈葉もひとひねり（あって）〉ということで、画中の読書している男が仙人のようで、通常の男性のように恋にときめくような人ではない、だから女性が足の裏をくすぐって気をひいている、ということではないか。題名が「水仙花」で和歌も添えられているにもかかわらず、それが軽視されているようにみえる。

八月　オレンジの月に飛ぶ蝙蝠

『青い猿』室生犀星著、春陽堂、1932年

八月一日（水）晴れ　——夏の旅、「ゴトビキ岩」

今日から紀伊勝浦で二泊する。夏休みの旅行という感じであるが、熊野古道を少し歩いてみようと思っている。朝東京を出発して、名古屋経由で新宮《しんぐう》に行く。新宮では、熊野速玉《はやたま》大社と神倉神社に参拝する。

神倉神社では熊野の神々が最初に降臨したと伝えられている「ゴトビキ岩」がご神体になっている。岩の周辺から銅鐸《どうたく》片なども発見されているというので、もともと開けていた場所なのだろう。「ヒキ」は「ヒキガエル」の「ヒキ」と関係があるのだろうか。全体は和語の感じであるが、「ゴト」は語頭が濁音で、古代日本語にはなかったと考えられている語形をしている。

「ゴトビキ岩」までは五三八段の石段を上がっていくのだが、源頼朝が寄進したと伝えられている。ガイドブックでは「鎌倉積み」という語で説明されていた。インターネットで調べてみても、はっきりとした情報にいきあたらなかった。しかしとにかく、急な階段で、下りはちょっとこわい。サンダル履きで上がった外国の人が何人も下りで座り込んでしまっていた。なんとか上がって、降りてくることができたので、まだ体力は大丈夫かもしれない。

大逆事件の展示をしている資料室があった。連座して死刑になった医師、大石誠之助《せいのすけ》が新宮市の出身だった。紀伊勝浦で一泊目。

新聞には今年四月に全国の小学校六年生と中学校三年生、合計二〇〇万人が受けた「全国学力調査」の結果についての記事が載せられていた。それによると、理科においても「国語や算数・数学と同様に、解釈や記述の力に課題」があるという。これはすでに日本語が問題であるということではないのだろうか。

八月二日(木)晴れ ——夏の旅、那智大滝へ

交通の関係で、朝五時過ぎに起きて、食事をすませ、紀伊勝浦から那智《なち》までJRで移動。那智から那智大滝を目指して歩く。まず補陀洛山寺《ふだらくさんじ》に行き、そこからひたすら歩く。気温が高くて、汗がすごい。後で宿の人に聞いたところ、春、秋は歩く人がかなりいるけれども、夏は少ないとのこと。そりゃそうだ。季節の選択を間違った。大門坂《だいもんざか》からは石畳の道がずっと続き、熊野古道らしい風情だった。坂の途中には熊野九十九《くじゅうく》王子の最終王子である「多富気《たふけ》王子」があった。

熊野那智大社には参拝に訪れた歴代天皇、皇族の名前が示されていた。白河上皇九回、鳥羽上皇二一回、後白河上皇三三回、後鳥羽上皇二九回など、熊野御幸が盛んに行なわれていたことがわかる。藤原

定家も後鳥羽上皇に随行している。暑くて木陰で一息ついていると思いがけず、スイカがふるまわれた。熊野那智大社の隣が那智山青岸渡寺《せいがんとじ》で、ここも一度来たかったところだ。中学生の頃に井上靖の「補陀洛渡海記」をよんで、「補陀洛渡海」を知って以来のことだ。青岸渡寺の本堂は豊臣秀吉が再建したらしい。

そして、那智の滝。神武天皇が太平洋から那智の滝を遠望して那智の浜に上陸したという言い伝えがあるようだ。囂々《ごうごう》というような音をたてて落ちる滝は迫力があった。これも一度は見たいと思っていたので、ここまで来ることができてよかった。一二時五六分のバスで紀伊勝浦に戻る。そこから再び新宮に行き、初日に見ることができなかった佐藤春夫記念館に行く。

八月三日(金)晴れ　——無量寺の竜虎図

串本に移動して長沢蘆雪《ろせつ》の障壁画が展示されている無量寺に行く。デジタル複製されたものと、もともとのものと両方を見ることができたのもよかった。もともとのものは、かなりいい状態だった。竜虎図はなかなかよかった。一時過ぎに新大阪に向かって帰途につく。

夕刊に「断水の宇和島、通水」という見出しがあった。『日本国語大辞典』はちゃんと「ツウスイ(通水)」を見出しにしている。「停電」に対する「通電」という語もあるので、語義はすぐにわかるだろう。

八月四日(土)晴れ　——「テスト」は何のために

フランス・ドゥ・ヴァール『動物の賢さがわかるほど人間は賢いのか』(松沢哲郎監訳、柴田裕之訳、二〇一七年、紀伊國屋書店）の続きを読んでいて次のような行りに遭遇した。

認知を単一の尺度で比べても意味がないのだ。認知は多種多様なかたちで進化し、それぞれ特殊化が進んで頂点を極める。そしてそのカギは、一つひとつの種の生態環境が握っている。（二二頁）

難しいのは、ある動物の気質や興味、解剖学的構造、感覚能力に適合したテストを見つけることだ。（二九頁）

たしかに「認知する力」は人間だけのものではないし、必要に応じて認知力が形成されていくのは当然のことであるが、そこにそもそも気づきにくい。何かを明らかにするために「テスト」がある。「テスト」は目的に応じて考える必要がある。計算のスピードを調べるのであれば、問題をたくさん用意する必要がある。そういうことが人文学の研究ではたしてはっきりと認識されているだろうか。

新村堂古書店の目録で、『平家物語』（三冊欠、九冊）と『大久保武蔵鐙《おおくぼむさしあぶみ》』四冊を注文する。『平家物語』は授業などで使うことができそうだ。

八月五日（日）晴れ　——平仮名と片仮名

室生犀星『青い猿』の続きを読む。装幀は恩地孝四郎なので、ところどころにある挿絵も楽しい。「気分がぴインと張つてゐて」（五一頁）、「つネつて遣《や》つた」（八五頁）では「ピイント」「ツネッテ」というひとまとまりを平仮名と片仮名とを交ぜて書いている。こういう書き方は基本的にはなされないものだ。なぜなら、平仮名と片仮名とは、同じ「仮名」としてくくられているが、別の文字体系だからだ。しかしここにはそうした使い方がなされている。興味深い。

少し先には「田端、日暮里、ウグヒス谷」（一〇一頁）とあった。なぜ鶯谷だけ片仮名が交じるのだろうか。しかしこういうことに案外と理由がない場合もありそうだ。夏目漱石の自筆原稿と新聞に発表されたかたちとを対照していた時のことだったか、漱石が（おそらく、ということになるが）正則な書き方がすぐにはわからなかったために、何か臨時的な書き方をした箇所があり、それがそのまま新聞に印刷された、と思われる箇所があったような記憶がある。そこをそう書くことに、おそらく積極的な意味はなかった。しかし、原稿の書き方が尊重されてそれが残った。いったん残ると、あとはずっとそれが継承されていく、ということはあるだろう。

「ウグヒス谷」も原稿用紙に「鶯」という漢字を書かずに片仮名で書いた。しかしそれは印刷される時には一般的な書き方にされるだろうというつもりだった、という可能性がありそうだ。

八月六日（月）晴れ　――三つの繭

十一谷義三郎『キヤベツの倫理』の続きを読んでいて、「シヤカイ事業」「ムサン婦人の寄合」（九六頁）という交ぜ書きに遭遇した。案外とあるのかもしれない。

久しぶりに亀山郁夫『ドストエフスキー　父殺しの文学』（上下、二〇〇四年、ＮＨＫブックス）の続きを読む。流刑後のドストエフスキーの作品に『死の家の記録』と『地下室の手記』とがあるが、前者を「社会的な繭」、後者を「形而上学的な繭」とみる「みかた」が紹介されている。もう一つ、「個人的な極めて具体的な繭」があって、多くのことはその三つを「行き来」しているのではないかとふと思った。言語でいえば、「社会的な繭」がソシュールいうところの「ラング（社会に共有されている言語）」で、「個人的な繭」が「パロール（個人的に使われる言語）」、「形而上学的な繭」は言語化される前の「情報」とみることはできないだろうか。

八月七日（火）雨　――金屛風の印

立秋。

大型の台風一三号が関東に近付いてきており、朝から強い雨が降っている。雨の間に買物に行くと、鳥取県産の天然マダイがあったので、購入。紀伊勝浦で、タイのあら炊きが出ておいしかったので、ちょっとチャレンジしてみようかと思う。

高校の同級生から、金屛風におしてある印をよんでほしいということで画像が送られてきた。この同級生はお茶もやっていて、時々茶掛けの字をよんでくれというメールがくる。自身でも書道を習っていて、かなりよめるので、確認のようなものだ。

少し時間があったので亀山郁夫『甦るフレーブニコフ』（二〇〇九年、平凡社ライブラリー）の続きを読む。

八月八日（水）曇り　――茂吉がよむアイヌの歌

斎藤茂吉『石泉』（一九五一年、岩波書店）を久しぶりに読む。「昭和七年八月十四日、弟高橋四郎兵衛と共に北海道天塩国志文内なる次兄守谷富太郎を訪ふ」という詞書きがあって、そこから北海道での作品が並ぶ。いろいろなかたちでアイヌの人々の生活をよみこんだ歌が少なからずみられる。

　標茶《しべちゃ》より来れる友と床ならべて愛奴《あいぬ》のはなし幾つも聴けり（三二一頁）

藪のそばに愛奴《あいぬ》めのこの立ちゐるを寂しきものの如くにおもふ（三三八頁）
木群《こむら》ある沢となりつつむかうには愛奴《あいぬ》の童子《わらべ》走りつつ居り（三三九頁）

八月九日（木）曇り　――生き物の匂い

台風は関東地方を通過していった。
古泉千樫『屋上の土』（一九二八年、改造社）の続きをよむ。

夏の夜はいたく更けぬれ惨としてものの匂ひの湧きくるかなや
さ夜ふかく匂ひ湧きたつ池の魚の生きのいのちのかなしかりけり（一四一頁）
池の魚の生きのにほひの焔《ほのほ》だちこの夜の空の更けがたきかも
生きむとする匂ひまがなしわが眼には蒼海遠く展《ひら》けくる見ゆ（一四二頁）

夏の夜に、魚のいる池から「匂ひ湧きたつ」ような感覚を得たのだろうか。それを「生き物の匂い」と捉えて幾つかの作品ができたのだろう。

あらしのあと木の葉の青の揉まれたる匂ひかなしも空は晴れつつ
あらしあめ晴れてすがしきこの朝や青栗の香のあまき匂ひす（一四六頁）

嗅覚に基づく作品がおもしろい。

八月一〇日（金）晴れ　――「あぶらなみ」「油青波」

オープンキャンパスの小論文対策講座を聴いた高校生から提出された、小論文を添削する。昨年は二八人が提出したが、今年は四六人が提出してくれたので、添削に少し時間が必要だ。

『屋上の土』の続き。

川口にせまりかがやくあぶら波音をひそむる昼のさびしさ（一八四頁）

川中に大き牛立てり外海の油青波かがやき止まず（一八五頁）

『日本国語大辞典』の見出し「あぶらなみ」には右の歌のみが使用例として掲げられている。あるいは古泉千樫の造語か。「油青波（あぶらあおなみ）」は見出しになっていない。

八月一二日（日）晴れ　——昭和一六年

日航機の墜落事故から三三年が経った。その日のことはよく覚えている。

中村草田男『萬緑』の続きをよむ。昭和一六（一九四一）年の句に次のようなものがあった。

冬芭蕉此家《や》で貰ふ吾子の卵

落葉幾重嬉しき兵は上を向く（一三五頁）

ふと、同じ昭和一六年に高浜虚子はどのような句をつくっていたのだろうかと思って、『六百句』（一九四七年、菁柿堂）を読み返してみると、次のような句に目がとまった。

本堂の柱に避《よ》くる西日かな

駈けり来し大烏蝶曼珠沙華（五九頁）

「昭和十六年九月二十六日／鎌倉俳句会。松葉ケ谷、妙法寺」とある。妙法寺は苔が美しいので、「苔寺」と呼ばれることもある。「曼珠沙華（ヒガンバナ）」は地面から茎をにゅっと出してその上に花をつける。秋口にその赤い花にカラスアゲハが来ているのをよくみかける。「大烏蝶」は大きなカラスアゲハなのだろう。情景がありありと目に浮かぶ。
昭和一六年に俳人や歌人や詩人がどんな作品をつくっていたか、という視点は成り立つかもしれない。

八月一三日（月）晴れ　――「柴犬をひいた少女」

川端康成『みづうみ』を読んでいて、次の行りがあった。
　この時も、柴犬をひいた少女が一人、坂の下からあがつて来るだけだつた。いや、もう一人、桃井銀平がその少女の後をつけてゐた。しかし銀平は少女に没入して自己を喪失してゐたから、一人と数へられるかは疑問である。（一〇二頁）
この「柴犬をひいた少女」が「町枝」であるが、この行りを読んでいて、突然、北村太郎の『港の人』（一九八八年、思潮社）に収められている29という番号を与えられている詩のことが思い浮かんだ。詩には途中に「背伸びをして／こちらをのぞいていたのはだれだったろう」とあり、最後は「犬が／跳ねながらこちらにのぼってくるらしい／いっしょに来る人は／日没を見たろうか」と終わる。この「こちらをのぞいていた」人、犬と「いっしょに来る人」がこの少女ではないかと思った。まったく唐突な妄想であるが、何かそういう気が強くした。不思議な経験だ。

八月一四日（火）晴れ　――中村草田男『火の島』

中村草田男『火の島』の続きをよむ。

舌と歯に春風あたる眼をつむり（一二三頁）

曼珠沙華人なき渚船なき海（一三五頁）

俳句は言語量が少ないために、句の理解が難しいことが少なくない。句作をしている人はそんなことはないのだろうか。例えば、右の「曼珠沙華〜」は「人なき渚」「船なき海」はわかる。人気のない渚と船が一艘も見えない海だ。曼珠沙華はどこに咲いていて、渚や海とどうかかわるのか。そんなことを理屈で考えないのが俳句なのだ、といわれるかもしれないが、曼珠沙華が咲く秋の彼岸の渚と海ということなのだろうか。こう考えてしまうのが、すでに「散文的」なのかもしれない。

已が胸見下ろす如く寒き崖を（一四六頁）

冬海や落花のごとく鷗浮く（一四七頁）

「岩の濤・砂の濤」と題された一連の作品には、おそらくは「フユナミ」をあらわしているであろう「冬濤」という語が使われているものが多く、一つの「イメージ」をもとにした連作にみえる。「イメージ」をテーマにした本を書いてみたいと思っているが、俳句や短歌の「連作」は分析対象になりそうに思う。

『火の島』読了。

八月一五日（水）晴れ　――点子ちゃんか、点ちゃんか

七三回目の終戦の日。新聞第一面の「折々のことば」はケストナーの『飛ぶ教室』からの引用だった。小学校の時に読んだ記憶があるが、内容はまったく覚えていない。『ふたりのロッテ』『エーミールと探

偵たち』『点子ちゃんとアントン』などとともによく知られている作品だ。「点子ちゃん」は変わった名前だと思っていたが、今調べてみると、原書では「Pünktchen」という名前だった。「Punkt」はドイツ語で〈点〉で「-chen（ヒェン）」は指小辞とのこと。ということは「点ちゃん」でもよかったのか？

水原秋桜子『新樹』（一九三三年、交蘭社）を読み始める。

風雲《かざぐ》の秩父の柿は皆尖る（四九頁）

漢字列「風雲」にはたしかに「かざぐ」と振仮名が施されている。「ぐ」は「雲」字の下の方に施されているので、「ぐも」の「も」が脱落したようにはみえない。しかし「カザグ」という語は『日本国語大辞典』でも見つけることができない。こういう場合に、「カザグ」という語が存在しているかいないかの判断がつきにくい。

『動物の賢さがわかるほど人間は賢いのか』の続きをよむ。動物行動学者のローレンツが「Ganzheitsbetrachtung」を提唱していたということが採りあげられていた。「Ganzheitsbetrachtung」は翻訳においては「全体的な考慮」とされていた。ためしにグーグル翻訳にかけてみると、「複雑なアプローチ」という訳がでた。それはそれとして、ローレンツは「人は、単一の部分だけに的を絞って関心の対象としてしまったら、所定の研究課題をやり遂げられない。厳密に論理的な順序を重視する一部の思想家にははなはだ気まぐれで非科学的に見えるだろうが、むしろ、一つの部分から別の部分へと絶えず駆け回らなくてはならない」（三一頁）と述べているとのことだ。よくわかる。

八月一八日（土）晴れ ――「きゅうじゅうきゅう」ではなく「くじゅうく」

十一谷義三郎『キャベツの倫理』の続きをよむ。「百九十九番」を「ひやく！　くぢう！　くばあん」（一六〇頁）と発音していたことがわかる行りがあった。このあたりが案外とわかりにくいことで、明治・大正期の文献においては、漢数字に振仮名が施されていないことが多い。どういう習慣か、「事情」はわからないが、とにかくそうなっている。そのために、数字を和語系で発音していたのか、漢語系で発音していたのか、確証がつかみにくい。ここでは、「きゅうじゅうきゅう」ではなく「くじゅうく」と発音していたことがわかる。そういえば、「九十九里浜」は「クジュウクリハマ」だ。

夕刊の「素粒子」欄に、永六輔の「延長戦左翼手頭上に秋の蝶」が引用されていた。先日久しぶりに母から届いた誕生日祝いのはがきには「紋黄蝶がヒラヒラするともう秋」を感じるというようなことが書いてあった。調べてみると、実際は五月から九月ぐらいまで飛んでいるようだが、さまざまな揚羽蝶が夏の蝶に感じられるために、揚羽蝶が少なくなって紋黄蝶が目立つようになると秋という感覚かもしれない。蝶によって季節の変化を感じることができるのは、蝶に気をつけているからだ。

八月一九日（日）晴れ ――「マクナギ」とは

管啓次郎『オムニフォン』（二〇〇五年、岩波書店）の続きをよむ。

「作家と伝記的事実との関係とはおもしろいもので、簡単には語れない。作家は何をどう書くことにも完全に自由であっていいはずだが、現実にはそうはいかない。誰でも自分が生きてきた経路、よく知った風景、耳にした言葉、ぶつかった事件、舐めつくした辛酸に、たとえそれらを直接に描かないときですら、つねに影響されている。それらは風のように吹いている、雲のように流れている。それらがその「私」の作品ならではの、独特な光を構成する」(五五頁)。まさに「イメージ」と作品ということだ。石田波郷『大足』(一九四一年、甲鳥書林)を読み始める。「昭和俳句叢書」の一冊であるが、装幀は武者小路実篤だった。

　蠓《まくなぎ》を唇にあてたる独言(七四頁)

「マクナギ」は俳句では使われ続けた語であろうか。『日本国語大辞典』は語義の(一)として「昆虫「ぬかか(糠蚊)」の異名。《季・夏》」としている。「マクナギ」といえば、俳人であれば、あの虫だとわかったのだろうか。

石田波郷の「師」は水原秋桜子だ。ちなみにいえば、亡くなった伯母山田みづえは石田波郷に師事していた。伯母山田みづえは一九七九年に俳誌『木語《もくご》』を創刊して主宰するようになるが、筆者はその『木語』の編集作業をしばらく手伝っていた。そんな時に、伯母ともっと俳句の話をすればよかったと今にして思う。この伯母にはかわいがってもらった。伯母が石神井に住んでいた頃、夜にカブトムシが飛んでくることがあると聞いて、泊まりに行ったことがあった。『折口信夫全集』をもらったりもした。

八月二〇日(月)晴れ ――「埋蔵印」の怪

昨日はふと思いついて、東京国際フォーラムで開かれている「大江戸骨董市」に行ってみた。フリーマーケットの「骨董濃度」が少し高まったぐらいかなと思って行ったが、案外出物があった。ここしばらく平和島の骨董市にも行っていないし、そういう時間もなかったが、それほど混んでいるわけでもなく楽しく見て回ることができた。いいものがあったので、少し購入。筆者の骨董熱のピークは今から三〇年ぐらい前に来て、すでに終わっているので、冷静に見ることができる。価格はピーク時の七割から五割ぐらいに下がっている感じだ。購入した骨董店の人と少し話をしたが、今は相当に下火になっているような口ぶりだった。やはり「不況」はこういうところにもあらわれてくる。昨年出版していただいた『図説 日本の文字』(二〇一七年、河出書房新社)の「磁器に刻まれた文字を味わう」では持っている骨董を使った。図版の中には、毎日のように使っている器も含まれている。銀座で食事をして、熊本県のアンテナショップなどをのぞき、玉屋さんで大福を買って帰宅。

新聞の第一面に「徳川埋蔵印　一五〇年ぶり発見　修好通商条約批准書に押印」という見出しの記事が載せられていた。一八五八年に結ばれた日米修好通商条約の文書におされた「経文緯武《けいぶんいぶ》」印が、一年半ほど前に徳川宗家の庭にあった蔵からみつかったという記事だった。「経文緯武」は「経緯」と「文武」とを組み合わせたもので、記事にもあるが、「文を経にし、武を緯にす」ということで、この場合の「経」は「たていと」、「緯」は「よこいと」だ。「文武」だから当然「文」が先にくる。

それはいいのだが、「埋蔵印」とは?と思った。右に記したように、庭にあった蔵からみつかったもので、地中に埋まっていたわけではない。『日本国語大辞典』は「まいぞう」を「うずめかくすこと。また、うずまってかくれていること」と説明している。やはり「埋」の字が語義に「効いている」と思う人が多いのではないだろうか。あるいは抽象的な意味合いで「埋蔵」を使ったのだろうか。

何度も言うようだが、もう少し考えて日本語を使ったほうがいいのではないか。粗い表現は粗い思考しか伝えられない。人に気配りをしましょうとはよく聞くが、自分が使う日本語にも気配りが必要なはずだ。

八月二一日（火）晴れ　――日高六郎の言葉

大学院生、大学院修了生のために設定した「夏休みの登校日」。

帰宅後、『日高六郎・95歳のポルトレ　対話をとおして』（二〇一二年、新宿書房）を読み始める。「ポルトレ」は〈肖像・肖像画・ポートレート〉のこと。二〇一八年六月七日に日高六郎が一〇一歳で死去した。六月一〇日の「天声人語」には、この本の「五年、一〇年で日本ががらっと変わる国だということを、みんな、考えていない。ほんとうだよ。僕は年寄りだから大丈夫だけど、あなたは危ない」という行り（一一七頁）が紹介されている。それがこの本を購入したきっかけといってもよい。

聞き手である黒川創の、「先生は、ご自身を何者だと考えておられますか？」という質問に対して、日高六郎は「僕自身は、思想家でもないと思う。みんなから卑しめられる表現だけれども、「評論家」というのが一番いいと思うね。鶴見さんも評論家だと思う。優れたる評論家だね。そして、クリティックが、学問の本質だと思う。だから、僕の学問の本質を問われたら、それだけ言おうと思っていた」（一〇七頁）と答えている。「クリティック」はたしかに重要だ。そういう「心性」を身につけるということが学ぶということかもしれない。

日高六郎は「ベルクソンは非常に影響を受けた」「ベルクソンは発展段階論ではないんだ」（一〇七頁）と述べている。「人間の寿命と、社会的発展段階論の社会的時間の幅は、全然違うわけ。それよりも、一人の人間に食い込んでいく思想というのが重要だと、僕は思う。段階を設定してね」(一〇八頁)。

「安保問題研究会だって、上原専祿先生をトップに置いて一九五九年からやっていたけど、六〇年安保の前だったから、あれがよかったと思う」(一一二頁)とあった。上原専祿は亡父のゼミの先生で、亡父が大学に残るように、石巻の亡父の父母を説得した、という話を聞いたことがある。母方の祖母(山田孝雄の妻)は、上原専祿を見て、ほんとうの紳士だと言ったという話も母から聞いた。

「文部省は一元的」(一一四頁)だが、日教組大会の締めのスピーチで日高が「僕らの強みは何か。多様性にある」(一一四頁)と話したということも記されている。

「自分の一生の七〇年なり八〇年なり、それをものさしとして時代を見る」(一八六頁)、これも興味深い。言語研究における言語変化もふつうはそれを実感できない。しかし、七〇年とか八〇年とかの短い時間幅での言語を「実感を伴う共時態」として設定して、言語変化を追う、ということはおもしろいのではないか。

「この足取りは、戦前の一九三一年前後、僕が小中学生のころとかなり似ている感じがする。また満州事変ということになるのか、そういう議論が新聞にも出ない、週刊誌にもとりあげられない。時代が大きく悪い方へ変わろうとしている。これについての一般の民衆の受け止め方は、どういうことになるのか」(一九四頁)、「なぜ、あれだけのいろんな弱点、問題点を備える相手に対して、論理的に、圧倒的に攻撃して、ひっくりかえすことができないのか」(一九五頁)。

いろいろとおもしろかった。読了。

八月二二日（水）――『俳句の誕生』

長谷川櫂《かい》『俳句の誕生』（二〇一八年、筑摩書房）を読み始める。

人間の心は遊んでいるとき、自分を離れ、言葉におおわれたこの世界を離れて、はるか昔に失われた言葉以前の永遠の世界に遊んでいる。人間が言葉を覚えたことによって失われた永遠の世界。その永遠の世界への脱出の企てが詩であるのなら、集中ではなく遊心こそが詩の母胎であることを認めなければならないだろう。（三頁）

右では「心」と呼ばれている「何か」が、自分を離れていくというイメージ。あるいは、「ことば」が自分を離れて、自分の外側に漂っている「何か」と結びついて、それを「ことば」の形で、自分に戻してくれる、そういうイメージであろうか。

ある出版社で、筆者の本の編集担当をしてくださった編集者の方が長谷川櫂氏の『古志《こし》』の同人で俳句を作っている。筆者が俳句に興味があると話すと、参加をすすめてくれた。大いに迷う。きちんと俳句をやってみたい気持ちはある。しかし、時間があまりないこともわかっている。今やっていることの他にさらに時間をふりむけることができるだろうか。まだ迷い続けている。

八月二三日（木）――オレンジの月に飛ぶ蝙蝠

ＮＨＫで、北海道静内農業高校が採りあげられていた。生産科学科では全国の高等学校で唯一サラブレッドを育てているとのことだった。生徒が「馬体名称」を覚えないと、乗るのにも困るし、病気の時も困るからだと話していた。九三四年頃に成った『和名類聚抄』という辞書では「牛馬部」がたてられていて、その部内に「牛馬体」というカテゴリーがたてられて、牛馬の体の名称が採りあげられている。牛や馬を重視する文化圏では、牛や馬にかかわる語彙が「充実」している。

石田波郷『大足』の続きを少しよむ。

椎若葉わが大足をかなしむ日(七七頁)

歌集のタイトルの由来がわかった。となると、発音は「オオアシ」だろう。おもしろいタイトルの歌集だ。

筆者が子供の頃は実家のある北鎌倉でも、山のほうに歩いていけば、小さいながらも田んぼがそこここにあった。春は田んぼにオタマジャクシがたくさんいて、夏はカエルの声があちらこちらから聞こえてきていた。家のまわりからカエルの声が聞こえてくるのが筆者にとっての「夏の夜」だ。秋の田んぼでは、畔のまわりなどにイヌタデが紅くなっていた。実家の裏庭の柿の木の下にもいつも秋にはイヌタデがあった。もうずいぶんイヌタデの「紅」を見ていないことに気づいた。夕方になると暮れかかった暗い空に蝙蝠が飛んでいるのが見えることもあった。句にもならない駄句を一つ。

幸不幸オレンジの月に飛ぶ蝙蝠

ピザが食べたくなって、夕方、東京スカイツリーのそばの店に行った。

八月二四日（金）曇り　——台風の名前

台風二〇号は、四国・近畿を縦断した。熊野川が氾濫したとのこと。八月初めに行った、和歌山県新宮市がテレビで中継されていた。台風二〇号にはシマロンという名前が付けられている。どうやって名前を付けるのかと思って、調べてみたら、気象庁のホームページに次のような記載があった。

台風には従来、米国が英語名（人名）を付けていましたが、北西太平洋または南シナ海で発生する台風防災に関する各国の政府間組織である台風委員会（日本含む一四カ国等が加盟）は、平成一二年（二〇〇〇年）から、北西太平洋または南シナ海の領域で発生する台風には同領域内で用いられている固有の名前（加盟国などが提案した名前）を付けることになりました。

平成一二年の台風第一号にカンボジアで「象」を意味する「ダムレイ」の名前が付けられ、以後、発生順にあらかじめ用意された一四〇個の名前を順番に用いて、その後再び「ダムレイ」に戻ります。台風の年間発生数の平年値は二五・六個ですので、おおむね五年間で台風の名前が一巡することになります。

「シマロン」は野生の牛とのこと。命名国はフィリピンだった。管啓次郎『オムニフォン』を読んでいたら、『ル・ブイヨ・ダワラ』というドキュメンタリー映画をめぐっての話の中に「シマロン」がでてきた。きた！

アフリカからカリブ海に連れてこられプランテーションでの労働を経験した人々の子孫たちがいる。同時に、そうしたプランテーションでの生活を嫌い森に逃げこんだ逃亡奴隷（スペイン語ではシマロン、フランス語ではマロン）の子孫がいる。（六七頁）

『日本国語大辞典』をよむ』（三省堂）ができあがってきた。すっきりとしたデザインの表紙で、きれいに仕上がった。最初に「『日本国語大辞典』をよむ」という企画に接して、『日本国語大辞典』を読み始め、このように一冊の書物として出版するまでにまさしく「紆余曲折」があった。こうして出版できて幸運だった。

八月三〇日（木）晴れ　――二項対立について

名人戦は井山裕太名人が先勝。

スティーヴンスン『ジーキル博士とハイド氏』（一九九四年、岩波文庫）を読み始める。小学校の夏休みの課題図書にあげられていたようにも思う。「あとがき」を読んでいると次のような行りがあった。

『ジーキル博士とハイド氏』の場合、この二重性はひとりの人間の内部で対立し合うが、『バラントレーの若殿』では兄と弟、『ハーミストンのウィア家』では父と子の争いとして描かれている。（一四〇頁）

二項対立の二項は、通常は別個のものとして存在しているが（そういうものを二項として設定するが）、それが一つのものの内部にある場合もあるということだ。これは言語分析においても留意しておいていいように思う。スティーヴンスンといえば、『宝島』と『ジキルとハイド』と思っていたが、考えてみれば、他にも作品があるはずで、『バラントレーの若殿』を注文した。

八月三一日（金）晴れ　――草刈りの記憶

母が独居している実家へ行き、草刈りをしてきた。「草刈り」というといささか大げさなようだが、実家にいた頃は、父と兄と三人で、夏には「草刈り」をしていた。鎌を何本か用意して、父がまずそれを丁寧に研ぐ。手分けして、草を刈っていく。草の陰に、大きなヒキガエルが潜んでいたり、ヘビやトカゲが出て来たりと、子供心にはスリルに満ちた楽しい草刈りだった。鎌が切れなくなると研いであるものに換える。

だいたい一日がかりだったように記憶しているが、最後は、刈った草を何カ所かに集めて山のように積んで、少し乾かすようにする。乾くと最後は、焼くのだが、しばらく前から、鎌倉市では焚火ができなくなった。焚火ができた頃には、焚火で焼き芋を作ったりすることもあったのだが、それもできなくなった。刈った草が乾くまで一、二週間かかる。その間に、その「草の山」に虫がすみつく。時期的に秋の虫が多く、湿り気が残っている下のほうにはエンマコオロギやミツカドコオロギ、まんなかあたりには、ウマオイやクビキリギリスが多かった。クビキリギリスは緑色のと茶色のがいた。懐かしい記憶だ。

しかし今回は、そんなのんきなものではなかった。父が逝って一七年たち、その間、人に頼んで草刈りをしてもらったりもしていたが、ここ数年はあまりそうしたことができていなかった。門から玄関までのアプローチの片側にあった雑木が驚くほど大きくなり、その枝が張りだして、アプローチに覆い被さるようになってきていた。いつかなんとかしなければと思っていたその「いつか」が今日だ。夕方までかかって、なんとか、アプローチの両側は綺麗にした。母も「こんなになるのは久しぶりだ」と喜んでいた。かつてに比べると、作業が長く続けられず、休み休みだったので、時間がかかった。虫は……見ている余裕がなかった。二度ばかり、トカゲがさっと走り出たぐらいだ。

九月　「やややや」

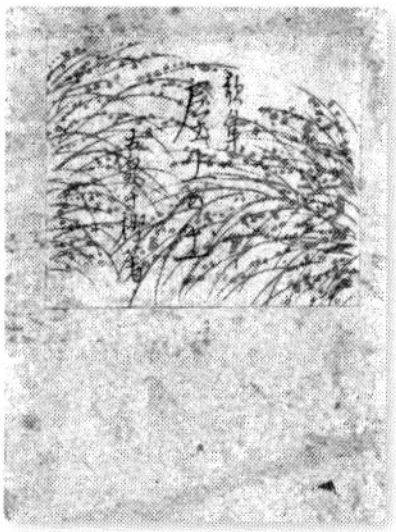
『屋上の土』古泉千樫著、改造社、1928年

九月二日（日）小雨　——高見順ゆかりの地

新聞の「文化・文芸」面で、星野智幸が一九六一年の雑誌発表以来、一度も書籍化されることのなかった大江健三郎の「政治少年死す」という作品についてふれていた。

佐々木幹郎『自転車乗りの夢』（二〇〇一年、五柳書院）の中の「僕の方はいつも一種類だ——高見順」をよんでいて、おもしろそうだと思い、『高見順素描集』（一九七九年、文化出版局）を購入した。届いた本は、「恵存／金守世士夫様／高見秋子」と記されている献呈本だった。金守世士夫《かなもりよしお》は富山市生まれの版画家、高見秋子は高見順の二番目の妻。高見順と永井荷風が従兄弟同士であることは今まで知らなかった。

『高見順素描集』には土方定一「高見順のスケッチ帖」、高見秋子「「仕事の前の仕事」たち」という文章が「解説」として添えられている。後者には、「昭和二十三年の春から秋まで、胸を病んで鎌倉のサナトリウムに入院、翌年から数年間、箱根仙石原を療養を兼ねた仕事の場所として一年のうち半分ちかくをその地で過ごしておりました」とあった。この「鎌倉のサナトリウム」が筆者の通っていた御成《おなり》小学校にほどちかい「額田病院」だ。

高見順の素描について佐々木幹郎は、「昭和三十六年(一九六一)、小説『激流』を書くための宿屋で描かれたデッサンに、コップの連作がある。たぶん高見順のデッサン連作の中で、これがもっとも人を惹きつけるだろう」(一四七頁)と述べている。たしかに、「力強いコップ」「おちついたコップ」などとそばに書かれているコップのデッサンはおもしろい。しかし、(筆者が植物好きであるためかもしれないが)ヤマボウシ、ホタルブクロ、サワギキョウなど、植物のデッサンがいい。詩人の絵には詩がある、というとむしろ陳腐かもしれないが、詩的言語と絵とには深い結びつきがありそうだ。

JR北鎌倉駅の下りホームの左側に「白菊荘」という(ちょっと怪しげな)旅館があった。そのすぐそばに高見順邸があったという話を両親のどちらかから聞いたことがあった。高見順『三十五歳の詩人』(一九七七年、中公文庫)には武田文章の「解説」が附されている。武田文章は高見順の「汽車は二度と来ない」を引用して、「私は高見順が戦時中から住んでいた北鎌倉駅の長く暗いプラットフォームを知っている。病んだ高見順が、暗いプラットフォームにひとりつくねんと坐っている姿を、この詩はいや応なしに感じさせる」(二二四頁)と記している。高見順の墓は、北鎌倉の東慶寺《とうけいじ》にある。

九月五日(水)晴れ　——石田波郷『大足』

台風一過。また気温が高い日だった。

夕刊に「出版文化史上の文学全集を考える」というイベントの告知が載せられていた。田坂憲二『日本文学全集の時代』(二〇一八年、慶應義塾大学出版会)という本も紹介されていた。一九六〇年代の文学全集が盛んに出版された時期から現代までを採りあげるようだが、児童向けの全集が出された時代についても同様に考えてみるとおもしろいのではないだろうか。

石田波郷『大足』の続きをよむ。

　吹きおこる秋風鶴をあゆましむ(一〇五頁)

これは高等学校だっただろうか、教科書に載せられていたように思う。この句は好きな句だった。

　雪嶺よ女ひらりと船に乗る(一四四頁)

伯母山田みづえが好みそうな句だ。「悪女たらむ氷ことごとく割り歩む」によって、伯母の作品は「悪女俳句」などと呼ばれることもあったようだ。『大足』読了。

九月六日(木)晴れ　——歴史と物語

北海道で大きな地震が発生した。

ヘイドン・ホワイト『メタヒストリー』の、マイケル・S・ロスが書いた「四〇周年記念版への前書き」に次のような行りがあった。

> 歴史家は過去のうちに物語類型を発見するのではない。歴史家は過去を物語類型へと形成する。ホワイトが興味をもつ問いとは、物語と「リアリティ」との一致に関する問いではない。それを有意味にするなんらかのプロット化を離れて、独立に考察されうるリアリティなど、存在しない。む

しろかれが興味をもったのは、なにがリアリスティックと見なされるべきかを測る基準を、書き手がいかに創出したのかという点なのである。かれらは、自分の物語に権威を与えるために、そうした基準を創出するのだ。ホワイトの読解は、こうした権威を掘り崩し、リアリズムの一定の特殊形式を採用させるようにする道徳的選択や審美的選択が働いていることを明らかにしようとしていた。自らの書く歴史は客観性を備えており、リアルなものであるとする歴史家の主張は、いつだって、こうした根本にある選択を覆い隠そうと試みるものである。(二一〇頁)

現在は、といえば、日本語学においては、「わかりやすい物語」として日本語文法の歴史を語る、ということがいわば堂々と主張されるような時代である。これは日本語の文法という、およそ「物語」とは縁のないことがらの分析者＝記述者が、自身が「物語作者」として語ることを宣言しているのであって、「覆い隠そう」ともしていない。むしろ「歴史」をどうやって記述すればよいか、についての自覚が求められているのではないだろうか。

九月八日(土)晴れ　——教え子との共著

小野春菜さんと、共著『言海の研究』(武蔵野書院)を出版する運びになっている。筆者には初めての教え子との共著である。その校正(三校)を一日中行なっていた。引用に際して漢字字体を保存することにしたので、そのチェックにかなり時間がかかる。ＬＩＮＥで教え子と連絡をとりあって確認をしたり、疑問点の画像を送ったりしながら、校正を進める。

九月九日（日）――「切れ」の役割

重陽の節句。日比谷公園の中のレストランにランチを食べに行く。晴れて、暑いくらいだった。空には少し秋らしい雲があったが、気温は高い。第一花壇のキミガヨランが白い綺麗な花をつけていた。フィリピンフェスティバルが開かれていた。窓際の席だったので、外を見ると、珊瑚樹《さんごじゅ》が赤い実をつけており、そこに時々鳥が来ていた。

帰宅後、『言海の研究』の三校を終わらせ、長谷川櫂『俳句の誕生』の続きをよむ。

　言葉は本来、理屈っぽい。放っておけば水に浮かぶ花びらが互いに寄り合うように、言葉は論理の引力によって別の言葉と自動的につながろうとする。そうして理屈で組み上がるのが日常いたるところで読まされる文章、散文である。

　俳句の切れはこの理屈による散文的な言葉のつながりを断ち切ろうとするのだ。そして散文が語る以上の何か、散文では決して語れない別の何かを取りこもうとする。言葉の論理を拒絶し、超越すること、これが俳句の切れの働きである。（四二頁）

これはわかりやすい。筆者もこれまで、詩的言語の特徴は圧縮と飛躍だと何度も発言してきたが、切ることによって、飛躍が可能になるという「みかた」にまではたどりついていなかった。ただ、右の言説で「散文が語る以上」の箇所は、「以上」とか「以下」ということではなく、語り口の違いとみるべきではないだろうか。

九月一二日（水）曇り ――「ほんとうの美しさ」？

夕方の六時から、「デザインと言語」というテーマで渋谷で話をした。デザイナーの方など、「デザイン」にかかわる仕事をされている人が多かったが、活発な議論ができて楽しかった。異業種交流は楽しい。

岸政彦『断片的なものの社会学』（二〇一五年、朝日出版社）を読み始める。「紀伊國屋じんぶん大賞二〇一六」を受賞した本だ。帯には、上野千鶴子、高橋源一郎のことばが印刷されている。

読み始めてすぐに次のような行りがあった。

> 私は、ネットをさまよって、一般の人びとが書いた厖大《ぼうだい》なブログやTwitterを眺めるのが好きだ。五年も更新されていない、浜辺で朽ち果てた流木のようなブログには、ある種の美しさがある。工場やホテルなどの「廃墟」を好む人びとはたくさんいるが、いかにもドラマチックで、それはあまり好きではない。それよりもたとえば、どこかの学生によって書かれた「昼飯なう」のようなつぶやきにこそ、ほんとうの美しさがある。（七頁）

右には二つの「ような」があって、それが「美しさ」と結びついている。「五年も更新されていない」ブログは「浜辺で朽ち果てた流木のよう」に美しい、「どこかの学生によって書かれた「昼飯なう」のようなつぶやき」には「ほんとうの美しさ」があるという。

筆者には、「五年も更新されていないブログ」と「浜辺で朽ち果てた流木」とを美しいという語で結びつけることができない。そしてさらにいえば、「浜辺で朽ち果てた流木」は「朽ち果てた」というのだから、腐っているのだろう。しかし、筆者が浜辺の流木で思い浮かべるのは、海を漂う間に、樹皮がなくなって、白骨のようにつるつるになってしまっている流木だ。流木とはそういうものではないだろうか。それはもはや朽ち果てたりしないのでは？　そうした流木を拾ってきて、自宅に飾っている人もいる。そうした流木を使ったアートもある。これは美しい。しかし、そうした流木の美しさは「五年も更新されていないブログ」と同じ美しさなのか。いや、言い方を変えれば、「五年も更新されていないブログ」は流木と比べられるように美しいのか、ということだ。そしてまた「どこかの学生」の「昼飯なう」というつぶやきに見出すことができる「ほんとうの美しさ」とはどのような美しさなのだろうか。それが筆者にはわからない。だから、この「ような」はわからない。こういうところで躓く。

これを「揚げ足取り」とみる人が必ずいる。いや、必ずいるどころか、多くの人はそうみるだろう。しかし、考えていることも、感じたことも言語化してやりとりするしかない。そうであれば、表現には細心の注意を払う必要があるだろう。

九月一三日（木）曇り　――信仰のことばを聴く

後期開始前の教授会と建学の精神にかかわる研修会で一日大学にいた。シスター深澤光代のお話だったが、芯の強い信仰のことばで、いろいろと考えることがあった。これまでも、この研修会ではいろいろなキリスト者のことばを聴いてきたが、これまでもっとも感銘を受けた。

特に「償い（レパラシオン）」という考え方（概念）が印象深い。現在の世界は、決して「いい状態」とはいえない。それはイエス・キリストの望んだ状態ではないはずだ。そうだとすると、現在を生きる人々は、現状を少しでもよくするための努力をする必要がある。イエス・キリストが望んだ状態になっていないことを「償う」というのが「レパラシオン」ということと理解したが、そういう考え方は有効に思われる。

九月一四日(金)小雨　――柿の木の記憶

井山裕太名人が二勝目。

新聞の「社会」面に平山郁夫の未公開作品が一〇点確認されたという記事が載せられていた。「二〇歳前後から三〇代後半の作品と確認された」とのこと。新聞には「シルク・ロードの遺跡」という作品が載せられていたが、「おっ」と思った。記事には「シルクロード」とあるが、作品のタイトルは「シルク・ロード(の遺跡)」と中黒が使われている。つまりかつては中黒を使っていたが、現在ではいわば一語化しているということだろう。中黒一つでも、ことばの歴史を物語る。

水上瀧太郎『果樹』(一九二九年、改造社)を読み始める。小村雪岱の装幀であることがわかっていたので、函が付いているものを購入した。「ええ、御寺の奥さん大変喜んで居ました。それでね、おうつりのしるしだつて、柿を持つて来てくれましたよ」(二七頁)。

「雑木の多い麻布裏と向あつて居」る寺の「貸家の目的で建てた離家」に住むことになった若い夫婦の話である。「借て居る離室の前」にある「見事な柿の木」が渋柿だと聞かされていたのに……ということであるが、今はないけれども、筆者の実家にも柿の木が七~八本あったので、描写されている風景が懐かしい。小さな頃はよく柿の木に登って遊んでいたし、秋になると、なんとか高い枝になった柿をとろうとしたものだった。

右には「おうつり」とある。『日本国語大辞典』は見出し「おうつり」を「物をもらったとき、返礼としてその容器に入れて返す、半紙、マッチなどのちょっとした品物」と説明している。近所同士で、食べ物のやりとりなどをする習慣と結びついている語だろう。筆者は「半紙、マッチ」などを入れているのを実際に見たことはない。いつ頃まで行なわれていたのだろうか。現在ではおそらく相当に限定されているだろう。

九月一五日（土）小雨 ——「ゾー＋トロープ」

木曜日、金曜日と朝忙しかったので、録画していたＮＨＫの「朝ドラ」をみる。九月一三日、第一四二回で「ゾートロープ」という語が使われていた。『日本国語大辞典』には見出しになっていない。「ゾートロープ(zoetrope)」をインターネットで調べてみると、「回転のぞき絵」といういいかたもあるようだ。ヴィクトリア朝にはすでに考案されていたという。英語の「zoetrope」はギリシャ語の「zoe(生命)」と「trope(回転)」とを組み合わせた語形であることもわかった。そうすると、「ゾートロープ」は「ゾー＋トロープ」という語構成であることになるが、日本語の外来語感覚からすると、「ゾート」「ロープ」というきりかたをしてしまいそうだ。発音もそういうきりかたに対応した発音になりそうだ。日本語では長音(日本語表記で「ー」にあたる部分)は単独では音節をつくることができない。そのことも、右のようなきりかたをすることにかかわりがありそうだ。

九月一六日（日）曇り ——「冬虹」と「冬の虹」

古泉千樫『屋上の土』の続きをよむ。「冬虹」と題した連作があった。ちなみにいえば、『日本国語大辞典』は「フユニジ」を見出しにしていない。

おぼほしく冬の虹たてり川むかひ竹の林のひかりは揺《ゆ》れず
冬空に虹たちわたりうら悲しそこはかとなき心のみだれ（三一七頁）
おぼほしく冬虹たちて空明《あか》りいのちさびしもふるさとの道に
ふゆ空の虹きえむとす竹山ゆ竹をかつぎて人出で来たり（三一八頁）

改めていうほどのことではないかもしれない。しかし、「おぼほしく冬の虹たてり」「おぼほしく冬虹たちて」をほぼ同じ表現と認めた場合、「冬の虹」と「冬虹」とが対応することになる。つまり、そのことによって、『日本国語大辞典』が見出しにしない「フユニジ」という語が「冬の虹」と同じような語義をもつ語であることが、きちんと確認できることになる。そしてまた、一人の書き手の脳内に、「フユノニジ」というかたちで存在していた語が歌作という場において、「フユニジ」という圧縮表現をうんだ、ということもほぼ確実に指摘できる。

そんなことはわざわざいわなくてもわかっている、という人が大部分だろう。しかし、「わかっている」ことをできるだけ「実証的なプロセス」として説明することは大事なことだ。右の一連の作品は、筆者にとっては、そういう貴重な例である。

道入れる雑木林《ざふぼくりん》にひともとの辛夷《こぶし》白花にほひてありけり（三三〇頁）

読んでいる本には右の「雑木林《ざふぼくりん》」の箇所に「何故にざう木《き》ばやしとよまざるや」と鉛筆で書き込まれている。『日本国語大辞典』は「ゾウボクリン」を見出しにしているが、そこに使用例としてあげられているのは、右の歌のみである。

九月一八日（火）曇り　――声がなまる

後期の授業が始まった。どんなに狭い教室であっても、授業をするには「授業の声」を出す必要がある。大きな声ということではなく、一定の空間にゆきわたる声だ。しかし、長く大学で授業を担当していても、そうした声が出せていない人がいるようだ。筆者は現在の勤務校までに幾つかの短期大学、大学で教えた経験がある。いわゆる「教授会」での発言をきいていると、この人はきっとこういう話し方で授業をしているのだろうなと思う。その「こういう話し方」の中にぼそぼそと話して、聞き取れない話し方がある。学生にたずねると、まさしくその「ぼそぼそ」で話していることがわかる。最近テレビドラマなどを見ていると、俳優さんのセリフが聞き取れないことがよくある。その時はテレビの音量をあげるのだが、きっと日常生活と同じような話し方をしているのだろう、と想像する。この「ゆきわたる声」はパブリックスピーキングの基本ではないかと思うが、それができないというのは「内容」よりも前の話になってしまう。

何の話かというと、前期が終わり、後期が始まるまでの間、オープンキャンパスなどで話す機会はあったが、毎日ではない。それで自然と「ぼそぼそ」になっていたために、「ゆきわたる声」を出すと、少し喉が疲れたような感じになる。声がなまっていたな、と実感する時だ。

トマス・ネーゲル『コウモリであるとはどのようなことか』(永井均訳、一九八九年、勁草書房)の続きをずいぶん久しぶりに読む。

コウモリのソナーは、明らかに知覚の一形態であるにもかかわらず、その機能においては、われわれのもつどの感覚器官にも似てはいない。それゆえに、ソナーによる感覚が、われわれに体験またはは想像可能な何かに、主観的な観点からみて似ているとみなすべき理由はないのである。この事実は、コウモリであることはどのようにあることなのかを理解するために、障害となるようにみえる。われわれは、何らかの方法によってわれわれ自身の内面生活からコウモリのそれを推定することができるかどうか、もしできないならば、コウモリであることはどのようにあることなのかを理解するために、他のどんな方法がありうるのか、を考えなければならないのである。(二六三頁)

ここでは「内省」に基づかない認識、理解においては、それを得るための「方法」が必要であることが説かれている。まったく異なる分野での話であるが、尾山慎「萬葉集「正訓」攷」(『文学史研究』第五六号)が『万葉集』に関して、「頻用と稀用、主用と副用といった文字ごとの使用上の傾斜を全く考慮に入れずに、表記論を説くこともまたできないことである。しかし、「主用訓はどれか」「あてられる主用字はどれか」と見定めるようと(引用者補・「見定めようと」の誤り?)するより、まずその訓が主用か否かということをどう同定できるか、あるいはできないかということを問う必要があるように思う」(六六頁)と言っているのも同様のことを述べていると思われる。

筆者は「日本語学」という学についてしかわからないけれども、日本語学においては、右のように、これまでの常識を疑って、さらに深く、根本的な地点まで確認しようとする動きがある一方で、「これまでの常識」を顧慮することなく、唐突な地点から語り始めるということが少なからずみられる、と感じる。これを近時のはやりことば「二極化」で片付けてしまってよいのか、どうか。筆者には深刻な事態にみえるが、そうみている人は必ずしも多くはないように思う。

九月二〇日（木）小雨　――「みずづかり」

十一谷義三郎『キヤベツの倫理』に収められている「昇天」を読んでいて、次のような行りがあった。

伯父は不意を打たれて没表情《ぼつへうじやう》な顔を振り仰向けた、彼はそのまゝさつさと門口へ出た。（一七六頁）

「ボツヒョウジョウ（没表情）」は現在は使わない語だ。現在であれば、「ムヒョウジョウ（無表情）」だろうか。『日本国語大辞典』を調べてみると、「感情を表に現わさないこと。無表情」と説明されていた。やはり「ムヒョウジョウ」が重なり合いそうだ。使用例としてあげられていたのは、右の例のみだった。

川端康成『みづうみ』の続きを読んでいて「その蛍を取り争ふのに網や笹も水づかりになる騒ぎだった」（一七六頁）という一文があった。「水づかり」は語義はすぐにわかるが、あまりみない語だ。『日本国語大辞典』にはちゃんと見出し「みずづかり」があって、「水に漬かること」と語義が説明されていた。使用例としてまずあげられていたのは、川端康成の『童謡』（一九三五年）だったので、川端康成が好んで使う語であった可能性がある。『みづうみ』読了。

九月二一日（金）小雨　――「菜殻」を調べる

明日、神戸大学文学部で開かれる国語語彙史研究会に参加し、明後日は関西大学で開かれる表記研究会に参加するので、その準備をする。移動経路を確認し、夕食や朝食の場所もあたりをつけておく。

なんとなく川端茅舎《ぼうしゃ》の句集『白痴』(一九四一年、甲鳥書林)を購入した。石田波郷『大足』と同じ「昭和俳句叢書」の一冊で、『大足』の巻末に添えられていた広告をみていて、買ってみようと思ったからだ。

購入してみて武者小路実篤の装幀であることがわかった。改めて広告をみると、「昭和俳句叢書」はすべて武者小路実篤が装幀を担当していた。「菜殻の炎」という題の連作があった。

鐘楼に上りて菜殻火を見るも(九頁)

清浄と夕菜殻火も鐘の音も

菜殻火の襲へる観世音寺かな(一〇頁)

菜殻火の映れる牛の慈眼かな

菜殻焼く火柱負ひぬ牛車(一一頁)

「菜殻」はどういう語か?と思った。もっとも自然な語として「ナガラ」を想定し、『日本国語大辞典』を調べてみると、ちゃんと見出しになっていた。語義は「菜種をとったあとの殻。菜種殻」と説明されていた。使用例はあげられていない。「菜殻焼く〜」の句を使用例としてあげてもよいだろう。「ながらび」も見出しとなっていて、「菜殻を焼きはらう火」と説明され、川端茅舎の「燎原の火か筑紫野の菜殻火か」のみが使用例としてあげられていた。

九月二二日(土)――校正作業から得たもの

朝八時半の東京発の新幹線で、神戸大学へ向かう。今指導している大学院生、三月まで指導していた大学院修了生とともに行く。新幹線内では、それぞれの質問、相談を受ける。

文献の引用に際して、漢字字体を保存するという方針にしたために、いわゆる「旧字体」と「新字体」の違いに「敏感」になった。こういう作業をしてみると、いわゆる「旧字体」で印刷されている文献には慣れているつもりでも、細かいところでは、「旧字体」と「新字体」との字体差をしっかりと認識していなかったことがわかった。大変だったが、そうした意味合いでは意義ある作業だった。

九月二三日（日）――「方法」の大事さ

関西大学で表記研究会。これは筆者が幹事をしている研究会だ。一年に三回開いて、もう四一回になった。ここまで来て振り返るとあっという間だったように思う。今回は、漢字字体についての発表と、明治期の漢字にかかわる資料についての発表だった。やはり、「方法」が大事だと思った。方法は「最初の一歩」といってもよい。あの山に登ろうという目標をたてたら、最初の一歩からそちらに向かって行く必要がある。

資料についての情報は貴重だ。インターネットで公開されている画像資料も大げさにいえば、日々増えている。少し前だったら見ることができなかったような資料の画像が、インターネット上ですぐに確認できることが少なくない。筆者も今回は自分のノートパソコンを持って行って、インターネットの情報を確認しながら、発表を聴いていた。有意義な二日間だったが、少し疲れた。

九月二五日（火）曇り時々小雨　――比喩について

大学からの帰り、雨が少し降っていて暗かったが、どこからともなくキンモクセイの香りがするように感じた。仕事場にしているマンションの最寄り駅でおりて、歩き始めた時にも同じように感じたので、キンモクセイが咲いたのだろう。『日葡辞書』に見出しとなっている「アンコウ（暗香）」という漢語を思った。暗闇の中で香る（花の）香り。東洋ランも遠くまで香りが届くし、梅の香りもそうかもしれない。ベルクソン『思考と動き』（原章二訳、平凡社ライブラリー、二〇一三年）を読み始める。内容理解のために、「訳者あとがき」から読み始めたが、そこに次のようにあった。

そもそもベルクソン以外のいったい誰が、「牝牛」とか「蝶の抜け殻」という言葉だけではなく、「先生のノートを盗み見する生徒」とか「役所の書類整理箱のなかに」というような言い回しを取り混ぜて哲学を真剣に語ることができただろう。「かのように」というベルクソン愛用のレトリックは単なるレトリックではない。そうした言葉や表現を用いることが、ベルクソンにとって「正確さ」をひき出す糸口なのである。いたずらな記号主義に陥ることなく言語という記号を用い、語ることのできないものを語るというパラドキシカルな状況から見事な文章を紡ぎ出したのがベルクソン哲学である。（四〇九頁）

森鷗外には「かのやうに」という作品がある。比喩を使わないで述べるほうが「正確」であるというのは単なる思い込みであろう。比喩を使わないようにするためには、いろいろなことを整理し、切り捨てておかなければならない。枠組みを設定し、その枠組みの中のみで述べなければならない。科学的な言説といわれている言説はそうなっているはずだ。しかし、その一方で、「実際」はといえば、どこにも「枠組み」などない。いわば混沌とした「世界」が広がっている。混沌とした「世界」さながらに述べることができれば、そのほうが「正確」だというみかたは当然成り立つ。

九月二六日（水）小雨 ——「やややや」

古泉千樫『屋上の土』の続きをよむ。

泥の上を鼠ちろちろあさり居り女は切《せち》に沙蠶《えむし》堀りをり（二七九頁）

ややややに夕潮よせく泥の上の鼠けうとくなほあさりつつ（二八〇頁）

『日本国語大辞典』の見出し「えむし」には「動物「ごかい（沙蚕）」の異名。＊俚言集覧（増補）（1899）「ゑむし　ごかひに同じ」」とある。『俚言集覧』の記事をそのまま受け入れたかたちだ。

高知大学に赴任していた時に、同僚と土曜日ごとに釣りに行っていた。最終的には、使う仕掛けもすべて自作して、針をたくさんつけた仕掛けを作って、キスの投げ釣りをしたりしていた。キス釣りの餌にはゴカイを使うが、ゴカイよりも少し大きなサイズの「ホンムシ」と呼ばれている餌があった。きっと種類が違うのだろうが、インターネットで「エムシ」を調べてみると、ホンムシ他幾つかの名前と「エムシ」が対応していた。「ほんとうのところ」はもう少しきちんと（生物学的に？）調べてみなければわからないが、「ホンムシ」を「エムシ」の「異名」とみなしていいかどうかについては、それなりの「手続き」が必要そうだ。

「やややや」は「ほぼほぼ」を思わせる。ちょうど新聞の「社会」面に文化庁が今年三月に実施した国語調査についての記事が載せられていた。「ほぼほぼ」は一〇代から二〇代では、六〇パーセントちかくが「使うことがある」と答えている。筆者にとって「目線」「立ち位置」は気をつけて使わないようにしている語であるが、「使うことがある」と答えた人が半数近くになっている。

「教育」面には「ブラック校則　立ち向かうには」という見出しが載せられていた。こういう時に「ブラック」が使われるようになってきた。校則ということでいえば、筆者が卒業した県立高校には校則がなかった。入学式で、校則はないから、自分で考えて行動するようにというような話があって少し驚いたが、生徒が一人前の人間として扱われていると感じたことを覚えている。

夕刊には谷川俊太郎の「見切る」という詩が載せられていた。「世界がぜんたい幸福にならないうちは云々と／賢治は書いたが／世界全体なんてものは言葉の上にしか存在しない」とあった。「グローバル」という語はよく耳にする語であるが、地球全体を同時にみわたすことはできない。

九月二七日（木）小雨　――キンモクセイの香り

古泉千樫『屋上の土』の続きをよむ。

あたたかく朝日ながらふ枯草の丘びのみちをわがあゆみ居り（三〇七頁）

「オカビ」は「オカベ（丘辺）」のこと。『日本国語大辞典』は『万葉集』の使用例をあげるのみだ。古泉千樫が使った「オカビ」をどう位置づければよいか。『万葉集』のみで使われている語を使ったのか、それは同時代の言語使用者に共有されているのかいないのか。

ふる里の雨しづかなり母も吾《あ》も悲しきことは今日はかたらず（三一五頁）

斯くしつつ幾日とどまるわれならむ麦の芽ぬらす雨の静けさ（三一六頁）

穏やかな歌だ。『屋上の土』読了。

昼前に買物に出る。どこからともなくキンモクセイがかすかに香る。やはり、火曜日が今年の東京近辺のキンモクセイの開花日だったのだろう。島根産の大きなマトウダイを買って帰る。刺身にしてもらい、持ち帰ったアラでアラ汁をつくる。

九月二九日（土）曇り　――「孀婦岩」とは何か？

新聞に、ＮＨＫが「秘島探検／東京ロストワールド」という番組で、伊豆諸島最南端の「孀婦岩《そうふがん》」という垂直にそびえ立つ巨大な岩を採りあげることが紹介されていた。写真も載せられていたので、こういう岩があるのだ、と思ったが、同時に「孀婦岩」という名前が気になった。「孀」の字義は〈やもめ〉だ。少し調べてみると、命名の経緯はわかっていて、イギリスの海軍大尉であったジョン・ミアーズがこの岩を旧約聖書（創世記一九章二六節）の「ロトの妻（Lot's wife）」と名づけ、それを『寰瀛水路誌《かんえいすいろし》』（一八八五年、海軍水路局）において「孀婦岩」と訳したとのことだ。

中村草田男『二百句撰』（一九四九年、榛の木書房）読了。「後書」に次のような行りがあった。

本選集を編む場合の方針として、私個人にとつての特殊な体験を詠つたもの（それは私個人にとつて如何程痛切な意義があらうとも）を一応避ける態度を執つた。素材、表現双方面に於て、ひとまず《ママ》万人と普遍的な結びつきの関係にあるものを選んでみたのである。○作者としての私は、一度このことを一種の実証として行つてみる必要があつたのである。個人としての特殊な体験が、同時に豊かな普遍性を内蔵してゐなければならないことは勿論であるが、客観の公の素材にたちまじつて生みなされた作品が、同時に真の意味での深い個の生命の顕現になり得てゐなければならないことも勿論である。(一一七頁)

そういう、作者側のいわば「努力」によって、個を起点とする(文学)作品を「よむこと」が可能になり、意義をもつ、という考え方は「古い」といえるのだろうか。「自分らしさ」と自分が思うものが表現されていれば、他人が理解してもしなくてもいい、という考え方に同調はしにくいが、ではなぜ同調しにくいのか、というところはさらに考えてみる必要があるだろう。

九月三〇日(日)小雨 ――「また夏が来た」

大型の台風が九州に接近している。今日はスピードをあげて関東地方にも夜に接近してくるという予報になっている。

森永製菓のチョコフレークが来年夏までに製造をやめることが「天声人語」に採りあげられていた。「天声人語」によれば、「販売が不振になった理由は、スマホだという」「チョコで手がべとついてスマホを操作しにくいのが響いたと、森永は説明する」とのこと。さらに「ポテトチップスを割り箸で食べることもあるそうだ」と記されていたが、学生はずいぶん前からそうしているように思う。「天声人語」の書き手は「あるそうだ」と書いているので、伝聞ということになる。

少し前に『朝日新聞』に谷川俊太郎についての記事が連載されていた。それで、谷川俊太郎、佐野洋子『ふたつの夏』(一九九五年、光文社)を購入してみた。冒頭に谷川俊太郎の「夏が来た」という詩が置かれている。第二連は「夏はほんとうは生涯にただ一度だけなのではないか」で始まり、「また夏が来た」で終わる。どういう夏がそれかわからないけれども、確かに「これが夏だ」という夏を心のどこかで求めているのかもしれない。

筆者の場合、夏もそうだが、一月一日にもそういう思いがある。秋ぐらいから道を歩いていて、空を見上げた時に、元旦の空のようだなと思うことが時々ある。それが秋だったら、秋の気配がないことが条件になる。秋の気配がみじんもない、元旦の青空を秋に見る、あるいは暮れが近付いている一二月のある日に見る、そういう感覚になることがある。その元旦の青空は、亡き父が「元旦の空、晴れて雲なし」と言った空のような気がする。しかし、それがいつどんな場面であったかは覚えていない。谷川俊太郎が夏は「生涯にただ一度だけなのではないか」と言う時、これが夏だという何かがあるのではないだろうか。

しかし、この詩中にある「蟬が鳴き太陽がかんかん照っている」はめぐりくる夏の謂いであったはずだが、それすらも成り立ちにくくなってきている現在、「夏」はますます遠いものになっているのかもしれない。

一〇月　雰囲気だけのことば

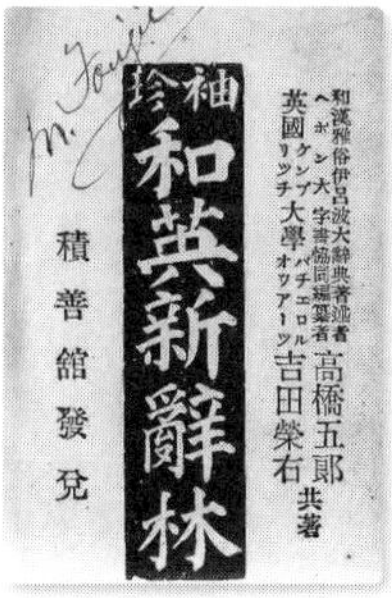

『袖珍和英新辞林』積善館、1899 年

一〇月一日（月）晴れ　——『佐藤春夫詩集』

夜中は風の音がすごかったが、朝起きると天気はよい。しかし、横須賀線、東海道線などが運転を見合わせているため、大学は一時間目・二時間目が休講となった。

届いていた『佐藤春夫詩集』（一九二六年、第一書房）をよむ。佐藤春夫自身が装幀を手がけた、正方形にちかいかたちの綺麗な詩集だ。本の後ろの見返しには、古書店票が二つ貼ってある。一つは「香林坊正文堂書店」、もう一つは「金沢長町」の「明治堂書店」だ。こうした古書店票によっても、この本の「歴史」がわかる。

『佐藤春夫詩集』を注文したのは、佐々木幹郎『自転車乗りの夢』がきっかけだった。「情あらば伝えてよ——『殉情詩集・我が一九二一年』——佐藤春夫」という章に「この本の装幀が美しいので、古書店である日、ふと衝動的に買い求めた。著者自装だという」（一三四頁）とあった。ただし「この本」は大正一五（一九二六）年六月に第一書房から刊行された「改訂増補版」のことで、筆者が購入したのは、大正一五年三月一八日発行の初版だ。佐々木幹郎は「佐藤春夫という人は、詩集が刊行された後でも実にこまめに詩を推敲し続けたのである」（一三七頁）と述べており、よく知られている「秋刀魚の歌」が『現代詩人全集』第八巻（昭和四〈一九二九〉年、新潮社）の「佐藤春夫集」で変更されていることが記されていたので、それも注文しておいた。詩作品の改稿には非常に興味がある。

一〇月二日（火）晴れ　――言語の「変化」

新聞に本庶佑《ほんじょたすく》氏がノーベル賞（医学生理学賞）を受賞したことが報じられている。「オプジーボ」には説明がないので、すでに一般化した語という新聞の判断だろうか。本庶氏の研究から生まれたがん治療薬のことのようだが、何語でもともとはどのような語義であるかを知りたい。

中村昇『ベルクソン＝時間と空間の哲学』（二〇一四年、講談社選書メチエ）を読み始める。

視覚だけの世界では、ものは固定しているようにみえる。机は机として、本は本として、なんの変化もせずに存在しているかのようだ。でも、ほんの少しかんがえれば、それは、わたしたちの記憶による錯覚であることがわかる。そのつどの机や本は、刻々と変容しつづけているはずなのに、われわれは、それを「おなじ」ものとしてみつづけるだけなのだ。いまの知覚が、その以前の記憶によって覆われているからこそ、机が机として、こちらにみえてくる。もし記憶という覆いがなければ、対象は、そのつどのあり方をこちらにみせてくるだろう。（二二三〜二二四頁）

これはおそらく言語にもあてはまる。言語は時間の経過とともに必ず変化する。しかしその「変化」はゆっくりとしていることが多く、一人の人間がその「変化」を感じることができないことが多い。しかしそうだとすると、それは「変化」がゆっくりで、微少だからわからないということになる。

視覚とちがって、聴覚の対象は、はっきりしたかたちをもたない。視覚の対象が、どちらかといえば、固体（そして個体）的なあり方をしているのにたいし、聴覚のそれは、気体のようなあり方をしている。そのかたちが固定されることはなく、つぎつぎと連続していく。したがって、個体ではなく連続体として、われわれは知覚していく。それが「運動体にむすびつかない運動」「変化するものをともなわない変化」とベルクソンがいっているものだ。音は、外界にたしかに存在する。しかしそれをしっかりとつかむことはできない。ようするに、視覚とちがって聴覚は、触覚との自然な連携ができないというわけだ。だからこそ聴覚には、「流れ」というものが、はっきりとあらわれている。そしてその「流れ」にこそベルクソンは、変化や運動の本質的特徴をみているのだ。聴覚によってとらえられた世界は、連続していて切り刻むことのできない「流れ」をかたちづくっているということになるだろう。（二一四～二一五頁）

「連続していて切り刻むことのできない」は言語学でいう「分節できない」ということだ。一続きの音の流れを分節するのが言語だ。

一〇月三日（水）晴れ ――「現在地を知る一〇〇冊」

『Journalism』九月号（朝日新聞社）は「現在地を知る一〇〇冊」という特集号。一〇人の人が一〇冊ずつ選んで、合計が一〇〇冊。あげられている本をどれだけ読んでいるかと思って購入したが、驚くほど読んでいない。一番最初にドーキンスの『利己的な遺伝子　四〇周年記念版』があげられており、この版ではないが読んでいたので「おっ読んでるぞ」と思ったが、そのあとがいけない。橘玲氏があげた一〇冊の中で読んだことがあるのは、この一冊のみ。釈徹宗氏では、ヴェーバー『プロテスタンティズムの倫理と資本主義の精神』、遠藤周作『深い河』二冊のみ、と、まったく芳しくない。思うに、現在と直接に結びつきそうな本をあまり読んでいないのだろう。自身の読書傾向がわかったといえばわかった。

もう一つの特集は「安倍政治の言葉と心理」で、金田一秀穂氏が「言葉」について、精神科医の和田秀樹氏が「心理」について分析をしている。

一〇月五日（金）小雨　──雰囲気だけのことば

「記者レビュー」というテレビ番組についての記事に、先週終わった「半分、青い。」のことが採りあげられていた。この「記者レビュー」の見出しは「何歳でも人生まだ半分」で、記事には「思えば、鈴愛も律も最後まで高校生のようだった。何歳になっても、人生まだ半分だと教えられた」とある。しかし、一八歳の高校生は、人生の「半分」ではないはずだ。そこが「半分」だったら人生は三六年ということになる。いやいやそんなことに目くじらをたてなさんな、と言われそうだが（誰に？）、そういう「気がきいていそうで、実は筋が通っていない」という表現が非常に気になる。思えば「何歳でも人生まだ半分」はどこまでいっても、「半分」ということになる。そういう気持ちで、ということでっしゃろ、となぜか変な方言が響くが、じゃあ六〇歳の筆者はあと六〇年生きるのか？と思ってしまう。「雰囲気だけのことば」はいただけない。

一〇月六日（土）晴れ ――「豊かな腐爛の時間」

先日読み終わった佐々木幹郎『自転車乗りの夢』に吉岡実の詩集のことが記されていた。「B五判変型の白くて縦長の堅牢な箱。その背に打ち込まれた吉岡実詩集というグレーの文字。思潮社というブルーの文字。中から出てくるグレーの厚い表紙と、本文が印刷された純白の絹のような手触りのよい紙。一冊はずっしりと重くて、熟れた果実のように充実している。学生時代のわたしは、いつもこの詩集を箱から出し、中身だけを鞄の中に入れていた。本の外箱を傷つけるのが惜しかったのだ。外箱から本が出てくるときの、白とグレーの対比。そのとき漂う一瞬の静謐な感触が良かった。吉岡実は当時すでに、戦後詩の神話になりつつあった。硬質で弾けるような、それでいて蜜のような言葉の固まり」（一九四頁）。詩人佐々木幹郎は吉岡実の詩集をこのようにみていた、それだけでも興味深い。しかしそれなら、と思って購入することにした。

この『吉岡実詩集』は一九六七年に出版されている。今から五〇年以上前の出版だ。そう思うと何かめまいがするような感じにとらわれる。五〇年を経て、「B五判変型の白くて縦長の堅牢な」外箱は白とはいえないような色になっていた。しかし、ブルーの「思潮社」という文字はあいかわらずブルーだった。そして「純白の絹のような手触りのよい紙」はしっとりと湿ったような手触りで、本もやはり「ずっしりと重」かった。

詩集の冒頭にある「静物」というタイトルの詩には「豊かな腐爛の時間」という表現があり、佐々木幹郎のいう「熟れた果実のよう」という感じをまさに醸し出している。こういう詩をよむと、この詩がつくられた時点と五〇年後の「現在」との違いが(なんとなくにしても)感じられるように思う。現在失われているものは、詩で使われている語・表現でいえば、果物の「豊かな腐爛の時間」ではないか。

つい二、三日前、和歌山の柿を買ってきて食べた。初物だ。意外なことにけっこう熟していた。今はもう伐ってしまってないが、実家には柿の木が七、八本あったので、毎年秋になると柿を毎日のようにとり、毎日のように食べていた。筆者はあまり熟していない固めの柿が好きだが、父方の祖母は熟した柿が好きだった。「熟柿」という語もあるのだから、熟れた柿を好む人はあるわけだ。そういう腐っているような果実を味わうというようなことが現在はないのではないかと思う。もちろん比喩的な意味合いにおいてだ。成熟に価値を認めないというか、価値を認めないを超えて評価しない。それはこの国の文化がそもそももっていた「傾向」なのか、現在顕著になった「傾向」なのか。いろいろなことを考える。

教え子との共著『言海の研究』が送られてきた。なかなかきれいな本に仕上がっている。

一〇月七日(日)晴れ　――ベルナノス描く悪魔とは?

中村弓子『わが父草田男』を読んでいて、中村草田男が洗礼を受けていたことを知った。洗礼の日がたまたま命日にあたっていた、フランスの聖人ヨハネ=マリア・ヴィアンネーを霊名としたという。そして、この聖人をモデルとして書かれた小説として、ジョルジュ・ベルナノスの「悪魔の陽のもとに」があることも紹介されていた。『わが父草田男』には春秋社から出版されている「ベルナノス著作集」が紹介されていたが、世界幻想文学大系第一一巻『悪魔の陽の下に』(一九七五年、国書刊行会)を購入してみた。

本に挟み込まれていた「月報2」の、高坂和彦「ベルナノスの超自然」には「ベルナノスは小説の背景に時間的な仮象を剝いで霊の光に照らされたそのおぞましくも醜い悪の世界を驚くべきイメージによって描き出す。読者はかれによって不可視界への感覚を開かれる。ちょうど本書のムーシェットがドニサンの法力によって自分の姿を見るように。それは堕落し切った近代ブルジョワ社会の真の姿なのだ」「ベルナノスのヴィジョンによれば、悪の世界の属性の一つはその「不透性《アンペネトラビリテ》」にあり、そこに普遍的に洋がれる神の力の入り込む隙はない。したがって一つの魂を悪魔から奪回するためには、神はこれを突き破る破壊力として現われる」とある。悪(魔)がどう描かれるか、興味深い。

一〇月九日(火)晴れ　——投げ入れられた木苺

室生犀星『青い猿』の続きをよむ。「翌朝、松平は遅く起きると、昨夜椅子を振り上げたためか腕のつけもとが痛み、従つてからだの関節がところ〴〵疼いた」(二〇四頁)という行りがあった。「ツケモト」があまり馴染みのない語であったので、『日本国語大辞典』にあたってみると、ちゃんと見出しになっていた。

つけもと【付本】〔名〕「つけね(付根)」に同じ。＊日葡辞書(1603-04)「アシノ　tçuqemoto(ツケモト)」

しかし、そこには『日葡辞書』の例があげられているだけであった。こういう語をどうやって室生犀星は知ったのだろうか、と思う。「庭は椎をうしろに棕梠が五六本、大棄石《おほすていし》が三つ、外に小《こ》飛び石を打つたちんまりしたものだが、枝の透いた椎が梅雨芽を吹いて鮮かだつた」(二二一頁)という一文で使われている「オオステイシ（大棄石）」「コトビイシ（小飛び石）」「ツユメ（梅雨芽）」三語は『日本国語大辞典』においては見出しになっていない。

そのまま読み進めていくと、「三人は待合や料理店が一廓をつくつてゐる通りに出ると、伊豆榮の門を潜つた」（二二四頁、以下同）とあった。上野の伊豆榮だろう。座敷に「今日生けかへたらしい投入れの花が」飾ってあり、三人のうちの一人「織本」が「どれが一番い、かね」と聞くと、「秋川」が「苺の実のついたのに白い花をあしらつたもの」を指さして「あれだな白眉は」といい、もう一人の「松平」も「山吹色の実のつぶ〳〵した木苺の枝」がよいと賛成する場面があり、少し驚いた。

何年か前に、伊豆榮ではないが、やはり上野で、わりに名前の知られている洋食屋に食事に入った。その時に、テーブルの大きな花瓶に投げ入れてあった植物の緑色の葉がなかなかよかった。葉は木苺に見えたが枝にとげがなかったので、お店の人にたずねてみると、園芸種の木苺とのことだった。調べてみるとたしかにそういう木苺が生け花用に売られていたので、自宅に元同僚の荒尾禎秀先生と、研究室助手の佐野由香さんとを招いた時に、それを飾った。ただの偶然である。ただの偶然であるが、木苺の枝はありありと目に浮かぶ。こういう偶然もあるのだと、そこに何か感じ入る。

一〇月一一日（木）晴れ　――「大学でいちばん大切なこと」

一二時半から一九時まで、一分の切れ目もなく、会議や校正などが続く。大学教員も体力がなければできない。

『図書』二〇一八年臨時増刊号「はじめての新書」に與那覇《よなは》潤氏が寄稿した「大学でいちばん大切な

こと」という文章中に、「そのように足場を固めることで、人は未知のこと、答えがまだ（あるいは、永遠に）出ない問いに対してすらも、論じる作法を手に入れる。どこまでが「いまの自分」に断言できて、どこからは留保が必要か。その見極めを繰り返すなかで、異なる意見の持ち主とも「口喧嘩」でなく「討議」することが可能になる。この意味で、政治学に限らず大学教育は「民主主義への通過儀礼」だったはずであり、専門が英文学か日本史か、はたまた分子生物学かは、「儀式の祭具になにを用いるか」の相違でしかない。不確かなことだらけの世界で、他者と関わりつつ言葉を使う人を育てるという本義を果たさないなら、外国語の原書や手書きの古文書や各種の数式は、魔法のかかっていない呪物――つまりは落ち葉や石ころとおなじだ」（四四頁）とあった。そのとおりだと思う。大学院生には、ここを読むようにＬＩＮＥで連絡した。学部の学生にも伝えようと思う。

言葉が空中分解している現在、「言葉を使う人を育てる」ことは重要だ。與那覇氏が薦めている戸田山和久『論文の教室　レポートから卒論まで』（新版、二〇一二年、ＮＨＫブックス）と杉田敦『デモクラシーの論じ方』（二〇〇一年、ちくま新書）を注文した。

一〇月一二日（金）晴れ　――にぎやかな詩

朝五時に起きて、一一月一〇日の語彙・辞書研究会での発表資料をつくる。

吉岡実『薬玉』（一九八三年、書肆山田）が届く。藤村記念歴程賞を受賞している詩集だ。「雞」という題名の詩が詩集の冒頭に置かれていて、「青海波」という題名の詩が詩集の最後に置かれている。「青海波」は次のように印刷されている。

Ⅰ

模造マホガニーの長椅子にねて
　　　　瓜や桃の実をほおばる
わが母の双面体を見よ
　　（やしゃとぼさつ）の二股膏薬を貼り
脚をたかだかと組みかえる
　　　　（毛は雲のごとく
　　　　　血は露のごとし）
　《美しければ（幻影）と
　（実在）はほとんど一つとなる》
　　　　　（大祓）の夜々は
（桑樹）の枡形のうろへ
　　（幽世《かくりよ》）から
　　　西風が吹きよせる

以下は略すが、「にぎやかな詩」のように感じる。ことばが途切れ途切れに置かれているように感じる。白い壁のあちらこちらにことばが書かれているといえばいいだろうか。

「言語には線条性という性質があります」といつも大学二年生の必修科目である日本語学概論で話す。「線条性とは、始めがあって終わりがあるということです」。そのことからすれば、これは「散らし書き」に近い。しかし、パソコンで入力して気づいたが、二行目は一行目の終わった位置の隣りから始まっている。つまり「下へ下へと下降していく詩」なのかもしれない。「桃の実」は「黄泉比良坂《よもつひらさか》」を思わせる。丸括弧が使われ、二重丸括弧が使われている。これもパソコンで入力して気づいたが、二重丸括弧はコードを与えられていない。いろいろなことに気づく。

「にぎやかな詩」はよむのが難しい。こちらが静かな気持ちで余裕がなければよむことができない。一九八三年というのは、そういう「時」だったのだろうか。

夕方、河出書房新社から出版される運びになっている本の装幀に使えそうな資料を送る。ついでに買物に行って、イサキを刺身用にさばいてもらった。今年は洋梨がおいしい。最初オーロラという少し赤みがかったものを食べたらおいしかったので、次も赤みがかったマリーラという品種を買ったらこれもおいしかった。今度はバラードという品種を買ってみた。調べてみるとバラードはラ・フランスとバートレットの交配種だった。

一〇月一三日（土）曇り　――「ああでもないこうでもない」

「天声人語」で、クヌギのドングリのことが話題になっていた。子供の頃、家のまわり（といってもずいぶん遠くまで行っていたが）の山で、秋になるとドングリを拾うことがあった。クヌギのドングリは「オカメドングリ」と呼んでいて、特別なものだった。拾う場所も決まっていて、家の前の道を梶原方面に歩いていった、杏林堂という名前の医院の前にクヌギの木があって、そこで拾っていた。今考えてみれば、夏にカブトムシを採りに行っていたのだから、その木はクヌギで、そこでも拾えたはずだが、ドングリ拾いはカブトムシほど「情熱」を傾けていなかったのかもしれない。拾ってどうするわけでもないが、秋になるとドングリが拾いたくなり、勤務先の大学のシイの実やシラカシの実を拾ってきて、家に飾ったりしている。

詩という「器」を自身の表現のための「器」として選択した人が詩人であるとするならば、その「器」にふさわしいと詩人が判断して選択したことばが詩をかたちづくっていることになる。そう思っていない「詩人」もいるであろうが。詩をあっさりと「よむ」のは、詩を伝達言語のように「よむ」ということだろう。詩人が「ああでもないこうでもない」と選んだことばを、読み手も「ああでもないこうでもない」と考えながら「よむ」ところに意味があるのかもしれない。読み手が「ああでもないこうでもない」と考える時間がない、と思えば、詩はよまれなくなるだろう。詩人の「ああでもないこうでもない」は過去のすべてにつながり、読み手の「ああでもないこうでもない」は過去のすべてを含めた「ああでもないこうでもない」であるはずだった。

一〇月一四日（日）曇り　——青柳喜兵衛

何とはなく、Eテレの「日曜美術館」を見ていて、最後のあたりで「青柳喜兵衛」という名前がでてきた。火野葦平の第一詩集『山上軍艦』（一九三七年、とらんしつと詩社）の装幀を担当したということだったので、インターネットで調べてみた。火野葦平の『山上軍艦』は限定二〇〇部の出版だったようだが、ネットでは一〇万円の価格がついていた。火野葦平の芥川賞受賞作『糞尿譚』（一九三八年、小山書店）の装幀も担当していることがわかり、こちらは注文。その他、青柳喜兵衛の伝記が出版されていたので、これも注文。夢野久作「犬神博士」の挿絵も担当していたとのこと。おもしろそうだ。

一〇月一五日(月)晴れ　――和英辞書を考える

ここしばらく和英辞書に目をとおしている。明治一八(一八八五)年頃になると和英辞書も出版されるようになってくる。その和英辞書も、見出しを片仮名で書いて、いろは順(!)に並べるものもあれば、見出しをアルファベットで書いて、アルファベット順に並べるものまでさまざまだ。

和英辞書がどのような日本語を見出しとして採りあげてきたか、ということについてもまだ充分に検証されているとはいいがたい。おもな和英辞書一〇冊がどのような見出しを採りあげ、それにどのように漢字列をあて、どのように英語で説明しているか、ということを一覧できるようにするだけで、全体の見通しはある程度つくようにも思うが、そういうものも見たことがない。

和英辞書はあらためていうまでもないが、「和→英」という方向を枠組みとしてもつ。そのために、「英」をなにほどか意識した見出し選択が行なわれることが推測される。その「意識」が具体的にどうはたらいているか、それも検証する必要があるだろう。やらなければならないこと、やりたいことはたくさんある。

一〇月一六日(火)晴れ　――「日本のローマ字社」

『ことばと文字』(くろしお出版)という雑誌の第一〇号記念特集が「日本語の文字と表記」で、そこに寄稿を依頼された。漢字字体のことを書いたのだが、その掲載誌が送られてきた時に「Rômazi no Nippon」という小冊子が同封されていた。表紙の上部には一九二八年創刊、一九五二年第二次創刊とある。この小冊子の末尾には「公益財団法人日本のローマ字社（ＮＲＳ）」の「入会のおすすめ」が印刷されていた。

明治四二（一九〇九）年に、田中館愛橘《たなかだてあいきつ》、芳賀矢一、田丸卓郎によって設立されたのが日本のローマ字社だ。さらに遡ると、「羅馬字新誌社」にいたる。「入会のおすすめ」によれば、一九一五年に財団法人になり、二〇一三年には公益財団法人になったとのこと。脈々と続いている結社ということになる。

一〇月一七日（水）晴れ　――特選古書即売展出品目録

二六日から三日間、東京古書会館の地下一階で開かれる「特選古書即売展」の出品目録抄が五冊もとどいている。これまでに古書を購入した書肆が送ってくれるので、次第に送られてくる数が増えてきた。最近は大学院生にわたして、積極的に古書の展示即売会に足を運ぶようにすすめている。やはり、実際に本を手にとってみることは大事だと思う。例によって、いろいろな本が出品されている。

オーブリー・ビアズリーがオスカー・ワイルド『サロメ』のために描き下ろした一七点の挿絵がはじめてすべて収録された一九〇七年出版の『サロメ』一〇万八〇〇〇円。ビアズリーがオスカー・ワイルドの『サロメ』の挿絵を描いているということは知っていたが、すべて描き下ろしであったことは知らなかった。

ジョサイア・コンドルのスケッチ、図面、設計案に加え、有栖川宮御殿、海軍省、三菱一号館、二号館などの現存しない建築作品の写真が収められている、当時非売品の『コンドル博士遺作集』五九万四〇〇〇円。勤務先の大学の「本館」と呼んでいる建物がコンドルの作であるために、コンドルには興味がある。

西田幾多郎が岩波書店の布川角左衛門にあてた書簡七七通、はがき一三七枚が一括されて一九四万四〇〇〇円。これもすごい。『活字版零葉集』一二万九六〇〇円。これは古活字版の一葉が二八種類、近世の木活字版の一葉が二〇種類、唐本、朝鮮版本が各一葉、合計五〇葉の「零葉」、つまり実際のものが貼り付けられているもので、限定一五部で販売されたものだ。書誌学の授業などにはうってつけのものので、むしろ安いのではないだろうか。しばらく前はもう少し高額だったように思う。

一〇月一九日（金）晴れ　――すり込まれたミッフィー

新聞にさまざまな展覧会の情報が載っている。印刷博物館では「天文学と印刷」、国立新美術館では「ピエール・ボナール展」、根津美術館では「新・桃山の茶陶」。どれもおもしろそうだ。しかし、ゆっくりこういう展示を見てまわる時間がなかなかとれなくなってきている。

幼稚園に行っていた頃すでに通っていたかどうか記憶が曖昧であるが、小学校の一、二年生の頃まで絵画教室に通っていた。建長寺前の一つ北鎌倉寄りのバス停が「上町《かみちょう》」であるが、そのバス停のそばに「宮地絵画教室」があった。宮地先生は優しい先生で、いつも油絵の具の匂いをさせていた。教室の休み時間には紅茶にコンデンスミルクを入れて出してくれた。

最初の頃は、色彩感覚を養うためということだったと思うのだが、ディック・ブルーナの絵本から、ミッフィー（うさこちゃん）の絵の輪郭を先生がかいてくれて、そこに色を塗るということをやった。向かい合わせにかかれたインコの絵は今でも覚えている。しばらくこういうことを続けたために、筆者にはミッフィーが「すり込まれた」と思っている(今でもミッフィーは好きである)。

しかし、それは別にいい。その毎回、色を塗るということに対して、文句を言ったらしい。自由に絵をかきたいというようなことを言ったらしい。生意気な子供だ。しかし、自分らしいとも思う。もうしばらくそういうことをやってから、と言われたらしいが、ある日絵画教室を飛び出して、二度と戻らなかった。これも伝聞で、記憶はない。しかし困ったような顔をした宮地先生を覚えているような気もする。先生は「かえって見所がある」と言ってくれたらしいが、一度言い出すと聞かずに結局、ほとんど何も習わないうちに絵画教室をやめてしまったようだ。今から思えば残念なことをした。少し我慢して、デッサンとか油絵を習うところまで教えてもらえばよかった。

一〇月二一日(日)晴れ ——AO入試

AO入試。各大学が定員超過に敏感になってきて、受験生の動きが変わってきているような感じがする。ここ数年は推薦系の入試の受験生が減ってきていたが、今年は少し多いようだ。

本をどのくらい読んでいるか、どんなものを読んでいるかをたずねる質問をずっとしてきているが、有川浩、森見登美彦、上橋菜穂子、東野圭吾、湊かなえ、宮部みゆきあたりの名前はよくでてくる。横光利一の「機械」「蝿」を読んだという受験生がいた。自分が同じ質問をされたらどう答えるか、とちょっと思ったりしたが、三島由紀夫だったら、新潮文庫ででているものはすべて読みました、と答えたかもしれない。三島由紀夫は中学生の頃に集中的に読んだ記憶があるので、高校入学までにかなり読んでいた。

一〇月二二日（月）晴れ　――日日是好日

「日日是好日」というタイトルの映画の広告を目にする。筆者は「ひびこれこうじつ」だとずっと思っていたのだが、「にちにちこれこうじつ」と振仮名が施されている。『日本国語大辞典』で調べてみると、はっきりと「にちにちこれこうじつ」と振仮名を施している文献が江戸時代にある。『日本国語大辞典』は「ひびこれこうじつ」も見出しにしているが、「にちにちこれこうじつ」に同じとなっている。このことからすれば、「ひびこれこうじつ」もあるが、「にちにちこれこうじつ」が標準形という判断だろう。

一〇月二三日（火）曇り　――『A DICTIONARY OF THE ENGLISH LANGUAGE』

教え子との共著を出版してくださった出版社の編集担当の方が大学に来てくださった。いろいろな話ができておもしろかった。

英和・和英辞書についての原稿を書いているので、今まで購入したものを改めてじっくりと読んだり、新たに少し購入したりしている。昨日届いたものは、明治三四（一九〇一）年一〇月二〇日に初版が発行された『A DICTIONARY OF THE ENGLISH LANGUAGE』の第九版（明治三八年一〇月二五日発行）で、ウェブスターの「フォトリソグラフィック版」を謳う小型辞書（横六・三センチメートル×縦一四・三センチメートル）だ。鍾美堂という大阪の出版社から刊行されている。写真版であるから「一字一点ノ誤謬アル理由ナク且独逸最新式ノ機械ヲ以テ印刷シタルモノナレバ文字ノ鮮明ナル絵画ノ精巧ナル他ニ其比ヲ見ズ紙質体裁原本同様好良美麗ニシテ且堅牢ナリ」とある。

明治期の英和・和英辞書については、書誌的情報の整理もまだまだのように思われる。例えば、明治期にこのようなリプリント版がどのくらい出されていたか、というようなことも(おそらく)はっきりとは調査されていないだろう。

一〇月二五日(木)晴れ ——「ヒョグル」の語義

秋の好天という感じの日だった。大学院の授業、入試問題の校正、会議を終えて、五時半頃大学を出たが、品川までの道の途中で、キンモクセイが香っていた。東京で二回目の開花日なのだろう。最寄り駅をおりて帰宅途中に、ヒイラギ(と思っていたが、実際はヒイラギモクセイ)があるが、これも香っていた。やはり植物は正直なもので、同じ日に開花する。

英和・和英辞書についての原稿がひととおりのまとまりに達した。この原稿を書くために、英和・和英辞書を少し購入したが、中に、サイズが小さなものがあることに気づいた。例えば、高橋五郎、吉田栄右共著『袖珍和英新辞林』(一八九九年、積善館)は横六・七センチメートル、縦八・七センチメートルほどの大きさでかなり小さい。「袖珍」を謳っているのだから、それに見合った大きさということだろうが、老眼の目にとっては、印刷面が小さすぎて、読むのに苦労する。そこで「!」と思ったのだが、明治の人は現代人よりも基本的に目がよかったのではないか。というよりも、現代人の視力が明治の人よりもかなり劣っているということはないのだろうか。

そう思いながら、右の『袖珍和英新辞林』をぱらぱらとめくっていたら、「Hyoguru」という見出しがあった。この「ヒョグル」を『日本国語大辞典』で調べてみると、「小便などを勢いよく出す。小用をする。ひょごる」と説明されていた。『日本国語大辞典』は「などを」を附してはいるが、限定気味の語義を記している。『袖珍和英新辞林』は「水をひょぐる」という例文を示し、英語「squirt」を対応させている。『リーダーズ英和中辞典』第二版(二〇一七年、研究社)を調べてみると、自動詞「squirt」は「噴出する、ほとばしる」と説明されており、「小用」には限定されていないようだ。

一〇月二八日(日)――『糞尿譚』到着

江戸川区中央図書館で、北原白秋の話をしてきた。

白秋は一年ほど、小岩に住んでいたことがあるので、小岩時代の白秋と、その頃の作品の話を中心にした。五〇人弱の方が聴きに来てくださった。一回九〇分の話で何を話すかがなかなか難しい。来てくださる方がどういう興味で来られているのかがわからないので、小岩時代の白秋の話だけをするわけにもいかないし、そもそもどのくらい白秋のことをご承知かがわからない。そこで、全体像もある程度話し、白秋の特徴も話し、小岩時代の作品についてもふれる、という「総花的な」話にした。熱心に聴いてくださっていたと思う。

青柳喜兵衛が装幀を手がけた、火野葦平の『糞尿譚』が届いた。購入したのは、初刷と同じ昭和一三(一九三八)年の一二月一五日に発行されている第八刷だ。表紙、裏表紙は緑と青のダイナミックな模様でデザインされていた。夢野久作が昭和六年から七年にかけて『福岡日日新聞』に連載した「犬神博士」の挿絵を描いたのがこの青柳喜兵衛だ。インターネットを調べていて、多田茂治『玉葱の画家　青柳喜兵衛と文士たち』（二〇〇四年、弦書房）という評伝があることがわかったので、こちらも購入した。帯には「セザンヌの林檎、喜兵衛の玉葱／夢野久作を挿絵で圧倒し、火野葦平『糞尿譚』の装幀が最後の仕事となった喜兵衛／34年の生涯と交遊を描く初の本格評伝」と記されている。「日曜美術館」では「喜兵衛」を「きひょうえ」と発音していた。この『玉葱の画家』によると、それが戸籍名とのことだ。この本の奥付では、副題に「あおやぎきべえ」と振仮名が施されている。

一〇月二九日（月）――「蜻蛉のやうにてか〳〵と」

大学祭の代休で、授業はないが、『リマ・トゥジュ・リマ・トゥジュ・トゥジュ』という作品で講談社の児童文学新人賞を受賞した卒業生こまつあやこさんと会い、日経新聞の方と原稿の打ち合わせをするために大学に行った。変わったタイトルの本だが、マレーシア語で「五・七・五・七・七」ということだ。ことばが大事に使われていて、いい作品だと感じた。

帰宅後、少し時間があったので、久しぶりに宇野浩二『子を貸し屋』の続きをよむ。このところずっと原稿を書いていたので、ゆっくり本をよむ時間がなかった。

「つまりその時にちらりと、相手の鼻の下の薄髭と、蜻蛉のやうにてか〳〵と光らして分けてある頭の毛と、浅黒い顔色と、妙に高い鼻附とを見た」（二七〇頁）という一文に遭遇した。「蜻蛉のやうにてか〳〵と光らして分けてある頭の毛」という表現は、頭髪を「てか〳〵と光ら」せているだけであれば、まあわからないことはない。しかしその「てか〳〵と光」っているさまを「蜻蛉のやうに」という比喩で表現している。

トンボのどこが光っていると宇野浩二は感じていたのだろうか。例えば、オニヤンマなど大きいトンボの目にはメタリック感がある。ぴかぴかと光るといえそうだ。しかし、通常よく見かけるシオカラトンボの目は黒いし、あまり光沢がないように思う。東京などではトンボもめっきり少なくなってきた。かつては、五月ぐらいから、田んぼの上や川のあたりなど、水辺ではトンボを見かけた。しかし東京の都市部にはそもそも「水辺」があまりないように思う。右のような比喩も、あと五〇年もすると、きわめてわかりにくい表現になってしまうのだろうか。

一〇月三一日（水）晴れ　――『日本国語大辞典』の中の十一谷義三郎

十一谷義三郎『キャベツの倫理』の続き。「あの道この道」という作品で、「蠟《らふ》の垂《た》れ買《か》ひの老人《らうじん》（神社やお寺を廻つて蠟燭のタレを買ひ蒐めて問屋へ持つてゆく専売特許ほどに同業者の尠い商売）中年のアト探し（夜、京橋日本橋などの問屋筋を歩いて、荷のゴミとか金物を拾ひ、或は縁日のあとへ出かけて落し物を漁る）青年クモ（坂道の下へ出る立ちん坊）が好い例で」（二一〇頁）という行りがあった。

「垂れ買ひ」は初めて遭遇した語であるので、『日本国語大辞典』を調べてみると、ちゃんと見出しとして採用されていた。使用例は右の例のみがあげられていた。貴重な例ということになる。「アト探し」も見出しになっており、やはり使用例は右の例のみがあげられていた。語釈も、右の文ほぼそのままであった。不思議なのは「青年クモ」は見出しとなっていないことだ。『日本国語大辞典』はなぜこの語だけ見出しにしなかったのか。ただし見出し「ねつっこさ」の使用例として「あの道この道」の別な箇所で使われている「青年クモ」が含まれている文があげられている。

少し先の二一一頁では「立ちん坊」に「クモ」と振仮名が施されていた。あるいは「酒場」に「ツノサイヤ」、「芸者の三味線」に「サンシロウ」という振仮名が施されている。さらに先の二一二頁では「鮹引《たこひき》」という語が使われていた。『日本国語大辞典』はこの語も見出しにし、二一二頁の例のみを使用例としてあげている。十一谷義三郎の作品がこうした語のいわば「供給源」のようになっていることがわかる。

一一月　「さしすせそ」の謎

一一月一日（木）晴れ　――斎藤茂吉の「回路」

斎藤茂吉『白桃』（一九四二年、岩波書店）の続きをよむ。

このゆふべ支那料理苑の木立にて蜩がひとつ／鳴きそむるなり（八六頁）

七月のひと日くもりて暮るるころ庭におりた／ちて笹を移しぬ（八七頁）

わが心に何のはずみにかあらむ河上肇おもほ／ゆ大塩平八郎おもほゆ（八八頁）

この「支那料理苑」は具体的にはどこなのだろう？と思う。そこに行って、茂吉と同じように一匹だけ鳴く寂しいヒグラシを聞いてみたいような気がする。

茂吉は、何かの「はずみ」に河上肇や大塩平八郎と自分とを重ね合わせようとしている。短歌を「回路」のようにとらえれば、その「回路」を通って、読み手は書き手と心や気持ちを通わせ、書き手は書き手で、その「回路」を通って、過去とつながり、思いを馳せるということなのだろうか。

『言海』第２版、検印紙

一一月二日（金）晴れ　——前田夕暮の「回路」

前田夕暮『黒曜集』（一九一五年、植竹書院）をよむ。

大鳥よ空わたる時何おもふ春の光を双《さう》の眼／にして

濁りたる海原みゆる、その上を一羽の鳥の行／くが悲しき（一二一頁）

大鳥の瞳しづかにとづるさま思ひいつしか／我れも眠りぬ（一二三頁）

「濁りたる〜」では、作品は、海の上を飛ぶ一羽の鳥を遠くから見ているというとらえかたでつくられている。「悲しき」は見ている者の気分の表明であろう。「大鳥よ〜」では空をわたる大鳥はきっと春の光を「双の眼」で感じ、とらえるであろう、その時に何を思うのだ、と大鳥に呼びかけている。この時作り手は大鳥に限りなく接近しているように思われる。「大鳥の〜」はこれと似ているが、最後に意識は「我れも眠りぬ」と、「我れ」に戻ってきている。

この三作品をよくよみこなすのも難しいといえば難しい。ごく粗く、「視点がいろいろと移っている」ととらえてしまうことにして、ある時は遠くから鳥を見る、空を飛ぶ鳥に寄り添う、そこから自分に戻るというような「視点の動き」は、昨日書いた「回路」が自由自在にあちこちに通じていることを思わせる。

一一月三日（土）晴れ　——とんかつと『契沖全集』

夕方に上野に出たので、「ぽんた」という店でとんかつを食べる。「ぽんた」の「た」は変体仮名だ。

とんかつが二七〇〇円もするので、これまで逡巡していたが、どうしても食べたくなったので行った。おいしかった。

帰宅後に、来ている古書目録を見ていたら、『契沖全集』全一六冊（一九七三～七六年、岩波書店）が六〇〇〇円で、その隣には『国書総目録』全九冊（一九七七年、岩波書店）が二〇〇〇〇円で出品されていた。筆者は契沖の言語観についての卒業論文を書いた。当時、『契沖全集』はいくらだろうと思って神田に行ってみたところ、一誠堂の棚の上に一二万の値札が付いて置かれていた。簡単には買えないなと思ったが、一緒に行った友人K君が、自分はアルバイトでかなりお金をかせいでいるが、有効な使い道がないから、必要なら貸すから使ってくれと言ってくれた。結局、その友人からは借りずに、なんとか購入したが、その一二万が六〇〇〇円とは、時代は確実に変わった。今では『国書総目録』も高級とんかつ一食分よりも安くなってしまった。

一一月四日（日）　——鷗外の「書きことば」

今日の新聞は三六面ある。そのうち一一面分が全面広告だ。全面広告ではない面も下部三分の一が広告になっている面が二〇面あり、つまり六面分以上がやはり広告で、あわせると半分ちかくが広告であることになる。なぜこんなことを書いたかといえば、今日の新聞は読むところが少ないと感じたからだ。

今月一〇日に、勤務先の図書館で「明治一五〇年」を記念してのイベントがあり、そこで一五分ほど話をすることになっている。「わたしたちは森鷗外と話ができるか」というようなテーマであるが、「話ができるか」は「はなしことば」の共通性ということで、立証が難しいので、「書きことば」を話題にするつもりで準備をした。具体的には「舞姫」の、初出（『国民之友』第六九号、明治二三〈一八九〇〉年一月）と、『国民小説』（明治二三年一〇月、民友社）、『改訂水沫集』（明治三九〈一九〇六〉年、春陽堂）、『塵泥《ちりひぢ》』（大正四〈一九一五〉年、千章館）の「本文」を対照してみることにした。

例えば、段落の始まりを一字下げるのは、『塵泥』のみで、他は下げていない。句読点を使うのは『改訂水沫集』から、いわゆる「変体仮名」の活字は『改訂水沫集』からはほとんど使われない、などの違いがある。原理的にはだんだんと現代日本語表記にちかづいていくことになる。

使われている語をみると、例えば、「舞姫」で使われている「才幹（サイカン）」を朝日新聞のデータベース『聞蔵Ⅱ』で検索してみると一四件のヒットしかない。「洋行」であれば四三一六件のヒットがある。「微恙」は三件、「惨痛」は二件で、こうした漢語は現在の新聞ではほとんど使用されなくなっていることがわかる。使われる語が時期によって違うのは当然だから、そのこと自体は驚くようなことではないが、それでもこの一〇〇年あまりで語彙体系が変化してきていることがわかる。

一一月五日（月）晴れ ――「さしすせそ」の謎

江戸川乱歩『怪人二十面相』（昭和三六〈一九六一〉年、光文社）の続きをよむ。「さては、賊の巣くつは戸山ヶ原にあったのです」（六二頁）という一文があった。この「さては〜あったのです」が少し落ち着かなく感じる。このような使い方が一般的だったのかどうか。少し先には「明智小五郎氏来修」（一〇七頁）とあった。「修」は修善寺のことで、明智小五郎が修善寺に投宿していることを「来修」と表現している。

テレビを見ていると、料理の「さしすせそ」のことが話題になっていた。調味料を入れる順番ということはもちろん知っていた。料理をするのは好きで、ある程度は作ることができると「自己評価」している。大学祭で、職員の方、学生とともにカレーを作って販売したこともある。二〇〇食完売だった。

料理は基本的にレシピを見て、きちんとそれに沿って作るので、調味料の順番をあまり気にしたことがなく、「さしすせそ」の「さし」は「砂糖、醤油」だと勘違いしていた。考えてみれば、濃い味の醤油を二番目に入れてしまうのはおかしいのだが、そう思いこんでいて、「せ」が醤油だとわかってびっくりした。「ショウユ」の漢字表記が「醤油」ということだとすれば、「醤」の字音仮名遣いは「シヤウ」であって「セウ」ではない。ただし、明治期あたりであると、仮名で「セウユ」と書いた例はあるようだ。また「ショウユ」に「正油」と漢字をあてることがある。これは「正」が「ショウ」という音をもっているからと思われるが、その「正」の字音仮名遣いも「シヤウ」である。ここまでのことからすると、なぜ醤油を「せ」としたか、が少し疑問になってくる。インターネットには「正油」を「セイユ」と発音していたというような「解釈」もみられるが、にわかには納得しがたい。謎が残った。

一一月六日（火）曇り　――蒔絵に書かれた文字

一二月に『日本経済新聞』の夕刊の「鑑賞術」という欄で、「文字を楽しむ」というような内容のコラムを四回担当することになり、その原稿をつくっている。担当の桂星子さんは筆者の意図を正確に理解してくれて仕事がやりやすい。スピードもはやい。

その中で蒔絵《まきえ》に書かれた文字を採りあげようと思って、大学図書館で調べてみたりしているが、蒔絵の文字について書かれた書物はあまり多くなさそうなことがわかってきた。また、これまでに書かれている「解説」なども正確ではない。『白氏文集』の詩句が使われているという指摘はいいのだが、その巻数が誤っている。同じ間違いが踏襲されている場合もある。文字すべてを正確に読み解いていないことも少なくない。文字も蒔絵の意匠(デザイン)の一部なのだから、どんな文字であるかは、全体の意匠に大きく関わるはずだと思う。

一一月八日(木)晴れ ――検印紙の記憶

注文しておいた『言海』第二版(一冊本、一八九一年)が入手できた。おそらく抽選になっていたと思われるが、よく入手できたものだ。これまで大型一冊本としては、明治三一(一八九八)年に出版された第四一版しか所持していなかったので、単純にうれしい。

この第二版には、「ことばのうみ/ウリダシテガタ/すりだし/の/かぶぬし/おほつきふみひこ」と印刷された縦横三・六センチメートルの検印紙が貼られている。その検印紙には割印がおされているが、「たひらの/ふみひこ」とある。現在出版されている書物では「検印廃止」などと印刷されていることが多い。著者と出版社との信頼関係に基づいて、印刷部数は契約どおりであるという前提であろう。検印紙ぐらい、と思われるかもしれないが、なんでもできるだけ実物を見るということは大事だ。「たしかなこと」の対極にあるのが、「人から聞いた話/孫引き」だろう。

祖父山田孝雄はかなりの数の書物を出版している。母から聞いた話では、検印紙にはんこをおすのが大変なため、ある部屋にはんこと検印紙とが置いてあって、その部屋を通りかかった子供たちは、何枚かおすように言われていたとのことだ。母の記憶がどの程度確かなものかわからないし、これも結局は

「伝聞」であるが、そんなこともあったようだ。

一一月九日(金)――「第二版」に弱い

『言海』第二版と同時に注文した『仏和新辞典』第二版(明治三四〈一九〇一〉年四月三日、大倉書店)も入手できた。こちらは、横七・五センチメートル、縦一五・五センチメートルのハンディなサイズだ。しかし価格はこちらの方が高かった。もちろん本の価格が大きさで決まるわけではないことはいうまでもないが、なんとなく気になってしまうこともある。

「第二版」ということに「弱い」。初版と第二版とで、何か変わったのではないかと思うからだ。そこに何らかの日本語の変化が反映していないかと、つねにそう思う。この辞書の場合、初版が明治三四年三月一八日に出版されているので、一カ月もしないうちの「第二版」で、おそらくこの「版」は限りなく「刷」にちかいだろう。すなわち、内容の変化はないだろうということだ。

右縦書き(右から左に進む縦書き)されているタイトルページには「野村泰亭/中澤文三郎/阿部漸共著」とあって、野村泰亭《やすゆき》が右に記されている。「序言」を記しているのもこの野村泰亭である。刊記もかたちとしては右縦書きされているが、なかほどの「発行兼/印刷者」の「発行兼」が左側に印刷されている。そのことからすれば、「著者」や「校正者」を記している下段は、左縦書き(左から右に進む縦書き)とみるべきであろう。そうみると、「野村泰亭」が一番左側、すなわち先頭に印刷されていることになって「つじつま」があう。一方、上段は「明治三十四年三月九日印刷/明治三十四年三月十八日発行/明治三十四年四月三日第二版」が右から印刷されているので、上段は右縦書きということになる。こうした「感覚」も不思議といえば不思議だ。今までこうしたことに注意を払ったことがなかった。気づいていないことは数多くある。

一一月一二日(月)晴れ ——「たれた釣りざお」

時間があったので、『怪人二十面相』の続きを読む。「そのいちばん大きな平らな岩の上に、どてら姿のひとりの男が、背をまるくして、たれた釣りざおの先をじっと見つめています」(一〇九頁)という行りがあった。「たれた釣りざお」は「垂れた釣り糸」がよさそうだが、こうした表現は一般的にあるのかどうか。すぐには調べられないが、気にとめておきたい。

「むかしから、こんなだいそれた泥棒を、もくろんだものが、ひとりだってあったでしょうか」(一三四頁)の「泥棒」に少しひっかかった。現在では〈盗みをすること〉というよりは〈盗賊〉という語義で「泥棒」という語を使うことが多くなっているのかもしれない。こういう微妙な語義の変化についてはまだあまり分析されていない。「両どなりとも、ぼくの借りきりの部屋なんだ」(一四五頁)の「借りきり」も現代であれば、「貸し切り」という語を使うだろう。「すてきもねえ美しい女」(一七六頁)の「すてきもねえ」もあまり使われない語句だ。

「名探偵は、まだ若くて美しい文代夫人と、助手の小林少年と、女中さんひとりの、質素な暮らしをしているのでした」(一六六頁)という時代ということだ。『怪人二十面相』読了。

一一月一三日(火)晴れ ——『標準海語辞典』より

先日入手した、海洋文化協会編纂『標準海語辞典』(一九四四年、博文館)をよむ。書名に含まれる「海語」は「カイゴ」と発音する語を書いたものとみるのがもっとも自然であるが、その「海語(カイゴ)」が『日本国語大辞典』のどこにも見出すことができない。

「序」は「大東亜のあたらしき秩序は」と始まり、「序」の書き手は海洋文化協会理事長、海軍中将上田良武であるので、そういう「時局」の中で編集されたことがわかる。『日本国語大辞典』が見出しとしていない語が数多く載せられている。

えうち〔餌打〕一定の間隔に餌を撒いて置いて、その箇所に網を打つ投網の打ち方。

えかい〔餌飼〕鰹船で、鰹を船の近く誘致するため、餌鰯を海上に撒いて鰹を飼ひつける役。

えぎり〔江切〕内湾の入込みで、満潮の際に網を張り切つて置き、干潮になつて魚を捕ること。建干(タテボシ)に同じ。

えどこ〔餌床〕鰯などが鰹・鮪等の大魚に追ひ込まれて密集し、海面に盛り上つたもの。

えとろ　鰹の大群が鰯などの群を勢ひ込んで、追廻してゐるさま。

えんたつせい〔遠達性〕主砲の弾丸がどの位遠く飛んで行くかといふ性能。

えんびき〔燕尾旗〕国際通信に用ひる文字旗A〜Zの26旗中A及びBの2旗をいふ。(以下略)

右の語は『日本国語大辞典』において、見出しにもなっていないし、語釈や使用例中にもみられない。「附録」もおもしろい。「附録(6)」は「風力・風速・風ノ名称表(海上用)」であるが、風が0〜12までの階級に分けられており、それぞれ名称がつけられている。0から「平穏」「至軽風」「軽風」「軟風」「和風」「疾風」「雄風」「強風」「疾強風」「大強風」「全強風」「暴風」「颶風」の順で設定されている。

現在、日常語として使う語もあれば、まったく使わない語もある。

一一月一五日（木）晴れ ――「アンピコ」「エイ・ワン」「カザック」

『キャベツの倫理』は新潮社の「新興芸術派叢書」というシリーズの一冊だった。このシリーズの本を少しずつ買い揃えてみた。（近代）文学研究は作家、作品を単位として行なわれることが多い。「言語は共有されている」という観点からすると、ある時に刊行された雑誌一冊をまるごと観察対象にするとか、右のようなある時期に刊行されている「叢書」を観察対象にするといった「みかた」が成り立つ。ただし、日本語の研究において、そのような観察対象の選択のしかたが一般的になっているわけではない。筆者はかつて「ボール表紙本」という観察対象のくくり方を試み、そうした分析をまとめた本も出版しているが、必ずしもそれが認められているわけではないと感じる。

「新興芸術派叢書」の一冊である池谷信三郎『有閑夫人』（昭和五〈一九三〇〉年）を読み始める。この中に固有名詞と思われる「片仮名書きされた語」がある。「三菱へアンピコ（自働ピアノ）を聴きにゆく約束があつたつけ。夕食は銀座のエイ・ワンあたりであつさり済ませ」（二二頁）とある「アンピコ」は調べてみるとアメリカの自動ピアノのブランド名「Ampico」のことと思われるし、「エイ・ワン」は京橋区銀座西八丁目四番地（現在の銀座八丁目二番八号）にあったカフェー・エーワンのことと思われる。昭和のことであるので、こうしたカフェー名もなんとかインターネットの情報でつかむことができたが、このような店名などの固有名詞、装飾品の名前、髪型、服飾の名などがもっともつかみにくい。

例えば「ラツシー・カザツクを着た断髪の令嬢」（二八頁）の「ラッシー・カザック」は服装の名である

ことはわかるが、そこから先が難しい。調べてみると「カザック」は狩猟や旅行用に使う腿丈のコートのことのようであるが、その一方で、競馬騎手のジャケットも「カザック」のようで、「ラッシー」が何かはすぐにはわからない。

一一月一六日（金）晴れ　――「月光採集」

川端茅舎『白痴』の続きをよむ。「月光採集」という題のもとに次の四句が載せられていた。

月は表に月光は机下に来ぬ（二二頁）
よよよよと月の光は机下に来ぬ
月光は燈下の手くらがりに来し（二二三頁）
手くらがり青きは月の光ゆゑ（二二四頁）

月光をどうやれば「採集」できるのか？という問いにも似た心持ちがあって、「机下（机辺）」の月光をことばでとらえようとした営みが右のような句になっているともいえるだろう。「燈下の手くらがりに」「月光」を見る。その「月光」は青いかそけき光で皓々と照る光ではない。それが「よよよよと」だろう。やはり連作は、イメージの連鎖を窺わせてくれる。

一一月一八日（日）晴れ　――子供の時に見た風景

ＮＨＫの「小さな旅」という番組で八幡平が採りあげられていた。草紅葉がとても奇麗だった。三〇年以上、八幡平に登り続けているという八〇歳を過ぎた方が、小学生の時に初めて登って、それ以来ずっと来ていると話していた。つきなみな表現になるが、子供の時にどのような「風景」を見るかが大事だということを改めて思った。行ってみたいと思ったが、秋は推薦系の入試の回数が増えたことによって、ゆっくりできるシーズンではなくなってしまった。

一一月一九日(月)曇り　――コミック『じしょへん』

TBS系列テレビの「東大王」というクイズ番組に、出題者としてVTR出演をするという話があって、研究室で打ち合わせをした。拙書『ことばあそびの歴史』(二〇一六年、河出書房新社)がきっかけだった。

月曜日は、筆者の勤務先の大学で非常勤講師として科目担当している教え子が二人、また現在指導している大学院生たちが、お昼前後から研究室に自然と集まる日で、いろいろな話題でにぎやかになる。まず『じしょへん』というタイトルのコミックが話題になった。漢和辞典の編集部を題材にしたものだが、ちょうど通勤に使っている地下鉄に広告がでていて、知っていた。この中に「日本語のための漢和辞典は明治にならないとない」というセリフがあり、いったいどの辞書のことを指しているのだろうということになった。つまり、はっきりとそう考えられるような辞書がないのでは?ということだ。

そうしているうちに、「シャシャル」という語を使うかどうか、という話になった。「シャシャリデル」は使うが「シャシャル」は今初めて聞いたというと、教え子の一人は「シャシャル」でも使う、もう一人の教え子は使わないけど違和感はない、とのことだった。インターネットを調べてみると、使っている人は一定数いそうだった。方言かどうか、ということなのだが、現時点でははっきりしなかった。

インターネットには「しゃしゃってんじゃねーよ」という使用例があった。

一一月二〇日（火）小雨　――「アメ（飴）」と「糖」

古書展で注文してあった『東語異同辨』（明治三九〈一九〇六〉年、春清堂書店）が届いていた。（そのようなものだと予想して注文したのだが）日本語と中国語との「異同」を簡略に示している。例えば、日本語の「アメ（飴）」は中国語では「糖」であるという対応を示し、例文が添えられている。

小供《コドモ》ハアメヲ食《タ》ベルノヲ好《コノ》ミマス
小孩児愛吃糖
アノ小供ハ此《コ》ノ庭《ニワ》ヲ滅茶《メチャ》〳〵ニアラシマシタ
那個小孩子把這個院子遭害的乱七八遭的

どちらの例文においても「コドモ」には漢字列「小供」があてられている。日本語「ウラ（裏）」に中国語「後邊兒・裏兒」、日本語「オク（奥）」に中国語「裏邊兒」、日本語「カシ（河岸）」に中国語「河沿兒」、日本語「カタ（肩）」に中国語「肩膀兒」が配置されているところからすれば、ここでは中国語の、どちらかといえば「はなしことば」を対応させているのだろう。「金主：財東」「禁酒：忌酒」「起稿：開筆」「汽車：火車」「競争：対賽」「景色：景緻」「慳貪：刻薄」など、おもしろい。

古典籍展観大入札会で入札を依頼してあった大槻文彦の自筆原稿は資金不足で落札できなかった。残念。

一一月二一日（水）晴れ　――「第一言語」を英語に？

新聞の「オピニオン」面に、「英語を第一言語にする時が来た」（一〇月二五日付掲載）という投稿に対して寄せられた意見のうち、四通の投稿が掲載されていた。

大学教員の投稿には「英語を第一言語にというのは、荒唐無稽と言わざるを得ません。第一外国語なら理解できます」とある。この投稿にも記されているが、「第一言語」は自然習得する「母語」のことであるので、一〇月二五日掲載の投稿は「英語を母語にする時が来た」ということになり、まさしくあり得ないことだ。これは日本語は捨てないにしても、子供が生まれたら両親は英語を使って子供を育てていく、子供の前では英語で会話をし続けるということで、そもそもそういうことを主張しようとしているのではなさそうだ。ということは、最初に投稿した人は「第一言語」とは何か、ということを知らなかったことになる。

二通目には大学生の投稿が載せられていたが、そこには「「英語を第一言語に」とは、おそらく「公用語に」との趣旨と思われる」とある。もともとの投稿にはどこにも「公用語」とは書かれていない。そもそも日本では「公用語」が法律で決められていない。大学生の投稿中には「公用語の変更は日本語話者に対する権利の剝奪に等しい」とあるが、公用語がないのだから「変更」もない。誤解に基づく意見と言わざるを得ない。

「第一外国語」「公用語」というもっとも基本的な概念が正確に理解できていないところから議論を始めようとしても、こういうことになってしまう。そこがしっかりしていなければ、アクティブラーニングもグループワークも成り立たないのではないだろうか。

一一月二三日（金）晴れ　――常用漢字表とは何か

新聞に、「障害」を「障碍」と書くために、「碍」字を常用漢字表に入れることを衆参両院が求めていたことに対して、文化審議会国語分科会は「追加の是非の結論」を先送りしたことが報じられていた。記事の見出しは「碍　常用漢字また先送り」で、「また」と表現することで、文化審議会が抵抗しているようなニュアンスが少しでているのではないだろうか。

これは文化審議会の主張がもっともなことで、常用漢字表は日常的な言語生活の「目安」であることをはっきりと謳っている。内閣告示されてはいても、法律ではない。だから「障碍」と書くことは自由であるし、その書き方が「ショウガイ」という語を書いたものであることがわかりにくいと思えば振仮名を使えばよい。振仮名を使わなくてもよいと判断すれば、振仮名を使わなくてもよい。常用漢字表に載せられていない漢字を使うな、という法律はない。そのあたりがきちんと認識されていないままに議論をしているようにみえる。

一一月二四日（土）晴れ　――漱石の書簡、鷗外の書簡

昨日届いた森井書店の目録をみる。北杜夫の「神々の消えた土地」の自筆原稿のコピー三〇三枚と、雑誌掲載用の活字組み一〇五頁分が揃っているものが載せられていたので、購入した。修正や訂正などがわかる。現在の日本語学では、こういう素材の観察、分析は行なわれていない。観察対象が明治期以

前ではないから、歴史研究にならず、とにかくこうした素材の分析はたぶん「相手にされない」。文学研究ではどうだろうか。

普遍的な現象を考えるためには、さまざまな素材を分析することがむしろ必須になるのではないかと考えている。いついかなる時にでもおこり得ることは、いわば「普遍的な現象」である。届くのが楽しみだ。

夏目漱石の森成麟造《もりなりりんぞう》あての書簡が額装されているものが五五万円ででていた。森成麟造は、東京の長与胃腸病院の医師で、漱石が明治四三(一九一〇)年八月に修善寺で吐血した時に派遣されて治療にあたっている。森成が松茸を送ったが、食べられなかったということを述べた上で、「御／手紙丈は拝／見しました／御礼に上げるものもありま／せんから近著／「心」を一部／小包で差上ま／すどうぞ御／受取下さい／以上」と記している。大正三(一九一四)年の一〇月二四日のものであるが、『心』は同じ年の九月二〇日に出版されている。漱石の字は繊細な達筆といってよいだろう。「ました」の「し」の部分が「た」と一体化している書き方をする。「候」も慣れないとすぐには読めないかもしれない。

すぐ隣の頁には森鷗外が添田寿一にあてた、「全集未収新発見」の書簡がでている。こちらは一五〇万円。添田寿一は実業家で経済学者、日本法律学校の設立にも加わっている。書簡には添田寿一が書いた原稿についての「感想」のようなものが述べられているが、指摘はかなり具体的である。森井書店の目録には、こうした書簡類の場合「読み」が添えられている。ある古書肆の目録に添えられている「読み」はいつもかなり読み誤りがあるが、森井書店は正確だ。ただ、鷗外のこの書簡の「読み」では「簡勁ナランヿヲ欲スルニ／外ナラズ」とある「ヿ」を漢字「事」と判読していた。漱石の書簡は「漢字平仮名交じり」、鷗外の書簡は「漢字片仮名交じり」で書かれているのもなんとなく「らしい」気がする。

必要があって『広辞苑』の第二〜第五版を注文したところ、第四版を出品していた書店から、第四版が見当たらないが、第五版ならある。第五版でどうですか？というメールが来た。第七版まで出版されている現在、なぜ第四版を注文したと思ったのだろうか。何も知らずに廉価だから第四版を注文したと思ったのだろうか。

一一月二五日（日）――恐竜の名前くらべ

午後にオーチャードホールで行なわれる横山幸雄「華麗なるロシア四大ピアノ協奏曲の饗宴」を聴きに行くことになっている。

大型多巻辞書である『日本国語大辞典』と中型辞書である『広辞苑』はどこが異なるか、という問いの答えは案外と難しいかもしれない。見出しの数でいえば、前者は五〇万項目を謳い、後者は二五万項目を謳っているので、それだけ異なる。しかしそれは、見出しの「数」の違いである。それぞれの辞書がそれぞれの辞書として、バランスのとれた見出しを備えているとすれば、問わなければならないのはそれぞれの「バランスのとりかた」ということになる。

どんな見出しを「試金石」にすればそれがわかるか、というところが難しい。

筆者は子供の頃恐竜が好きで、恐竜の名前を覚えたりしていたので、そういう設定を考えてみる。恐竜の名前がたくさんでているかどうか、ということだ。オンライン版の『日本国語大辞典』の「全文（見出し＋本文）」に「恐竜」で検索をかけてみると二八件のヒットがある。二八件のうち、恐竜の名前ではない一八件を除く一〇件が恐竜の名前である。一〇件は「アパトサウルス」「アロサウルス」「イグアノドン」「ぎょりゅう（魚竜）」「けんりゅう（剣竜）」「サウロロフス」「タルボサウルス」「ティラノサウルス」「トリケラトプス」「らいりゅう（雷竜）」で、見出し「ぎょりゅう（魚竜）」の語釈中に「イクチオサウルス」、見出し「けんりゅう（剣竜）」の語釈中に「ステゴサウルス」、見出し「らいりゅう（雷竜）」の語釈中に「ブロントサウルス」という名前が記されている。

現時点では、『広辞苑』に関してはモバイル版『広辞苑』のみを使っているので、その検索機能を使って見出しを調べてみた。モバイル版では「単語」の「前方」「完全」「後方」の一致を検索することができる。多くの恐竜の名前は語の「後方」が「サウルス」であるので、まずこの「後方」一致検索で「サウルス」に検索をかけてみる。すると、「アパトサウルス」「アロサウルス」「アンキロサウルス」「イクチオサウルス」「ウタツサウルス」「エラスモサウルス」「カマラサウルス」「ギガノトサウルス」「ステゴサウルス」「スピノサウルス」「ティラノサウルス」「パキケファロサウルス」「バシロサウルス」「フタバサウルス」「ブラキオサウルス」「プレシオサウルス」「ブロントサウルス」「メガロサウルス」「メソサウルス」「リストロサウルス」の二〇件がヒットする。『日本国語大辞典』が見出しにしていて「サウルス」がつかない「イグアノドン」と「サウロロフス」「トリケラトプス」を調べてみると、「サウロロフス」が見出しとなっていないことがわかった。結局、『日本国語大辞典』が見出しにしていて『広辞苑』が見出しにしていないのは、「サウロロフス」「タルボサウルス」の二つ、逆に『広辞苑』が見出しにしていて、『日本国語大辞典』が見出しにしていないのは一四、ということになり、『広辞苑』は多くの恐竜の名前を見出しとしていることがわかる。

『広辞苑』が見出しとしていない二つのうち「タルボサウルス」は「ティラノサウルス」と同じでは？という「みかた」があり、「サウロロフス」はモンゴルやカナダに棲息していたと考えられている草食性の恐竜である。恐竜の名前が多く見出しになっているからどうした？ということかもしれないが、これも一つの「情報」だ。

一一月二七日（火）晴れ　――漢語の借用と「書きことば」の成立

日本語の歴史の半分ぐらいは、中国語との接触とそれに伴う漢語の借用の歴史といってもよいだろう。それは少なくとも明治時代までは続いた。そうであるとすれば、「中国語との接触とそれに伴う漢語の借用」を等閑視するならば、そうして語られる「日本語の歴史」は真の意味合いでの日本語の歴史ではないことになる。

日本語の歴史について書かれている本は多いが、日本語の歴史の半分ちかくを占める「中国語との接触とそれに伴う漢語の借用の歴史」が十分に説かれているものはあまりなさそうだ。漢語の借用はどちらかといえば「書きことば」でのことと推測できる。そうであれば、当初は和語でかたちづくられている「はなしことば」と距離がなかった「書きことば」が「書きことば」として成熟していく過程に、漢語のとりこみということが含まれていることになる。このことによって、「はなしことば」と「書きことば」との「距離」が急速に離れていったのではないかと考えている。

『平家物語』の文章が「和漢混淆文」で、このあたりが「書きことば」の成立期であるという「みかた」が多い。漢語が「はなしことば」に浸潤してくるのは、おそらく室町時代頃ではないかと考えるが、それでもそうした漢語は限られている。このあたりは、まだ十分に整理されていないと思われるし、筆者自身の考えもまとまってはいない。しかし、このあたりのことがらをどうとらえるかによって、明治期の「言文一致」をどうとらえるかも変わってくるように思う。

一一月二九日(木)晴れ ――「まぬかれる」か「まぬがれる」か

新聞の「第2東京」面に「「桑都」に息づく伝統と創造」という見出しの記事が載せられていた。記事冒頭には「八王子市はかつて「桑都」と呼ばれた。養蚕や絹織物づくりが盛んで、生糸や絹織物の集積地でもあったからだ」とあり、「桑都」には「そうと」と振仮名が施されている。『日本国語大辞典』に「全文(見出し+本文)」で漢字列「桑都」を検索してもヒットがない。つまり『日本国語大辞典』のどこにも漢字列「桑都」はない、ということだ。記事によって都立八王子桑志《そうし》高校という高校があることもわかり、インターネットで調べてみると、平成一九(二〇〇七)年にできた新しい高校だった。「桑志」はやはり八王子が「桑都」と呼ばれていたことに由来していた。

ジュール・ヴェルヌ『地底旅行』(高野優訳、二〇一三年、光文社古典新訳文庫)をよむ。「ちょうど、一八四二年の大火のおりにも焼失をまぬかれたあたりだ」(一四頁)という行りがあった。「まぬかれた」に少しひっかかった。筆者が「はなしことば」で使う語形は「マヌガレタ」だ。「マヌカレタ」は「はなしことば」では使いそうもない。気どった言い方ということも超えてしまっている。朝比奈弘治訳の岩波文庫(一九九七年第一刷、引用は二〇一八年一一月五日刊の第二二刷)には「一八四二年の火災を運よく免れたハンブルクのいちばん古い地区には、曲がりくねった運河がいくつも絡みあって流れているが、この家もそうした運河のひとつに面していた」(一六頁)とあって「マヌカレタ／マヌガレタ」いずれが意図されているかがわからない。最近刊行された岩波少年文庫『地底旅行』(平岡敦訳、二〇一八年一一月一六日刊)では「すぐ前には、一八四二年の大火で運よく焼け残った町の古い一角に張りめぐらされた運河の一本が流れていた」(一九頁)とあって、「焼け残った」という表現が採られている。エドゥアール・リウー(Édouard Riou)の挿絵を入れている文庫も多く、楽しい。

話を戻すが、例えば『三省堂国語辞典』第七版は「マヌカレル」「マヌガレル」をともに見出しにしているが、「マヌカレル」は「「まぬがれる」の、もとの言い方」という説明をしている。「もとの言い方」はもちろん間違っていないが、説明としてはそっけない。『広辞苑』第七版は「まぬかれる」を見出しにして「マヌガレルとも」という説明を添えている。現在の大学生ぐらいの年齢だったら、ほぼ全員「マヌガレル」ではないかという感じがするがどうだろうか。

一一月三〇日(金)晴れ　――「EnraEnra」に感じた可能性

詩人の入沢康夫が一〇月一五日に八六歳でなくなっていたことが新聞に報じられていた。宮沢賢治研究でも知られていた。拙書『ことばあそびの歴史』において、入沢康夫の「いまゆめのかけはしのかけに」という『駱駝譜』(一九八一年、花神社)に収められている、ことば遊び的な作品を紹介した。

武蔵野美術大学美術館で開催されている「和語表記による和様刊本の源流」という展示を見に行った。大学院生がおもしろそうだと言っていたので、展示のことは知っていたが、なかなか時間と余裕がなかった。一二月一八日までなので、思い切って行くことにした。

江戸時代の木版印刷、特に古活字版を「造形的視点から捉え直すことにより、日本の造本デザイン史に「和様刊本」の美を位置づけることを目的としている」とパンフレットには記されていた。古活字版『三井寺』を復元するというプロジェクトは非常に興味深い。

日立製作所の高速類似画像検索システム「EnraEnra」を使って、データベースから同じ仮名をあらわしていると思われる古活字を拾い出すという試みもおもしろい。テクノロジーがこれまでできなかったことを達成している。「EnraEnra」はあるいは妖怪「閻羅閻羅」に由来するか。

展示をみていて、「この先」がつねに想起された。このようなことができるのだったら、これをさらに解析すれば、こういうことがわかるのではないかというようなことだ。筆者には、この展示は「ゴール」ではなく「スタート」地点に感じられた。日本語学の分野でも古活字版の研究は行なわれているので、相互協力することによって、豊かな「この先」がありそうに思った。

学食(と今は呼んでいないかもしれないが)で、「ゆであげパスタ」三八〇円を食べて帰宅。大学の学部の頃はよく学食で、一二〇円(だったと記憶するが)の何も入っていないカレーを食べていた。

一二月　『訴訟提要』から紅白歌合戦へ

一二月一日（土）晴れ　――なにゆえ「オツリ」なのか

拙書『日本語の考古学』（二〇一四年、岩波新書）を国語の教材に使いたいという「使用許諾申請書」が送られてきた。国語の問題集のようなものかと思うが、どの箇所が使われるのかと思って問題をみると、「あとがき」の一部だった。以前にも拙書のうちの一冊の「あとがき」が大学の入試問題として使われたことがある。

コンビニエンスストアで一〇三八円の買物をして一〇四〇円出したところ、「はい。二円のお戻し」と言われた。「オツリ」という語も次第に使われなくなっていくのかと思った時に、「オツリ」はなぜ「オツリ」なのだろうと思った。帰宅して『日本国語大辞典』を調べてみる。見出し「おつり」は「つり銭」を丁寧にいう語」とのみ説明されている。見出し「つりせん」は「品物の値段以上の貨幣が支払われたとき、支払者に戻すその差額の金銭。つり」と説明されており、見出し「つり」は語義（一）の

『風の又三郎』宮沢賢治、羽田書店、第1刷、1939年

（8）として「「つりせん（釣銭）」の略」と説明されている。つまりなぜ「ツリ」というか、ということについては説明がないことになる。
帰宅するまでの道で、頻繁に使う語であるのに、今まで「なぜツリというか」について調べたことがなかったし、知らなかったのはいかんな、と思っていたが、調べてみて、はっきりしていないのだとわかってむしろほっとした。こんな語もある。一〇〇年後に「オツリ」という語はまだ使われているのか、それとも「オモドシ」というようになっているのか。

一二月二日（日）曇り　――ふたたび『じしょへん』

やはりきちんと確認しておこうと思って、久木ゆづる『じしょへん』（二〇一八年、KADOKAWA）を購入した。コミックの裏表紙には「柿八書房辞書編集部の王子なつきは、幼少の頃に漢字に恋するきっかけとなった漢和辞典『現字選』の改訂を目指し、日夜業務に励んでいる。しかし、時間も手間も果てしなく必要な辞書改訂、その道のりは険しく…。日本一の漢和辞典は新たな目覚めを迎えられるのか⁉漢字をこよなく愛する若き辞書編集者の辞書物語、開幕‼」と記されている。先日はテレビドラマ「相棒」シーズン17の第三話「辞書の神様」に「千言万辞」という名前の国語辞書が登場していたが、辞書のネーミングがあまりよろしくないように感じる。たくさんのことばという意味合いなのだろうが、「千差万別」みたいで、どうもね。
たくさんのことばは、中国でも日本でも「林」「苑」「海」「泉」などでたとえられてきた。「辞林」「辞苑」「辞海」などで、「ことばのうみ」だから『言海』だ。しかし『言海』も、私版として出版することになったから、比喩的な、言い換えれば文学的な書名が許されたのではないかと推測している。もともとは官版として出版されることになっていたわけだが、もしもそのまま官版として出版されたとしたら、「日本辞書」というようないわば客観性を保った書名になっていたはずだ。

『じしょへん』の「現字選」も「現」は何だろうと思ってしまう。「現在使っている漢字から選んだ」ということだろうか。そうだとすると、むしろ過去へのひろがりをもっている漢字にかかわる辞書の名前としてふさわしいか、と思ってしまう。国語辞書の編集ではなく、漢和辞書の編集をテーマにしたのだから、それにふさわしい内容、特に細部の描写を期待したい。筆者や筆者の教え子のような、辞書を専門的に研究している立場からも、「うんうん」と言えるような展開になっていくと楽しい。

一二月三日（月）晴れ　――呼び名は「二十面相」

一一月一二日に読み終わった『怪人二十面相』は昭和三六（一九六一）年に光文社から出版された「少年探偵団全集」の①として刊行されたものだった。古書目録をみていて、「愛蔵復刻版少年倶楽部名作全集」として出版された『怪人二十面相』があったので、注文してみた。山中峯太郎『敵中横断三百里』『亜細亜の曙』、南洋一郎『吼える密林』などが「少年倶楽部名作全集」として昭和一一年頃に出版されていたようで、その復刻版が出ている。この復刻版の『怪人二十面相』の冒頭は次のようになっている。続けて「少年探偵団全集」版の「本文」をあげる。

その頃、東京中の町といふ町、家といふ家では、二人以上の人が顔を合はせさへすれば、まるでお天気の挨拶でもするやうに、怪人「二十面相」の噂をしてゐました。

そのころ、東京中の町という町、家という家では、ふたり以上の人が顔をあわせさえすれば、まるでお天気のあいさつでもするように、怪人「二十面相」のうわさをしていました。

「少年倶楽部」版は先述のように昭和一一年頃に出版されているので、「現代かなづかい」が昭和二一年に内閣告示される以前のもの。したがって、「現代かなづかい」では書かれていない。また「少年探偵団全集」版は漢字の使用が「少年倶楽部」版よりも抑えられている。「少年倶楽部名作全集」も「少年」を冠していることからすれば、少年を読者として設定しているだろうから、これは昭和一一年と昭和三六年との「違い」ということになるのだろう。

「少年倶楽部」版はいわゆる「総ルビ」で印刷されているが、右の引用ではそれを省いた。実は「家といふ家では」の「家」には「うち」という振仮名が施されていた。「少年探偵団全集」版は必要に応じて振仮名を施していると思われるが、「家」には振仮名がない。そうなると、読者は「イエ」という語を書いていると判断するのではないだろうか。もしもそうだとすると、（大げさにいえば）「本文」が変わったことになる。江戸川乱歩が使った語は「ウチ」、それを「家」と書いた。昭和三六年時点での読者は振仮名のない「家」を「イエ」と理解した、ということだ。これはささいなことか、ささいではないか。

もう一つ思ったことは「怪人「二十面相」」と書かれていることだ。これはどちらの版でも変わらない。つまり「怪人二十面相」という固有名ではなく、「二十面相」という固有名だということだ。書名が『怪人二十面相』なので、なんとなく「怪人二十面相」と呼ばれている怪人がいたと理解していたが、そうではなくて、「二十面相」と呼ばれている怪人がいたということだ。話をよく読めば「本文」中でも「二十面相」と呼ばれているので、そう理解することになるが、これは筆者のみの思い込みだろうか。

一二月四日（火）曇り　――「女房三十六人歌合」

帰宅すると「京都古書組合総合目録」が届いていた。いろいろとおもしろそうなものが出品されていたが、後西《ごさい》天皇宸翰《しんかん》、時代不同歌合色紙なるものが一〇万円ででていた。色紙二枚が台紙に貼られている。「あかつきのつゆはまくらにをきけるをくさ葉はか□となにおもひけむ」という高内侍《こうのないし》（儀同三司母《ぎどうさんしのはは》）の歌と、「散かかるもみちのいろはふかけれとわたれはにこるやまかはのみつ」という二条院讃岐《さぬき》の歌とが書かれている。この組み合わせからすると歌合わせは、鎌倉時代中期の成立と推測されている「女房三十六人歌合」ということになる。この歌合わせは、左方に小野小町から相模までを配し、右方に式子内親王から藻璧門院《そうへきもんいん》少将までを配して、一人の歌人につき作品三首ずつを合わせている。

興味深いのは、その和歌が右から左に向かって、Wの左側の入り部分がないような形状に三行に分けて書かれていることだ。これまでこのように書かれた和歌を見たことがない。

ちょうど先日、言語の線条性について日本語学概論の授業で話し、文字もその性質に従って書かれるということを説明したばかりだった。「散らし書き」のことまでは話したが、こうした書き方があるとは！

一二月五日（水）曇り　――紙媒体の辞書と電子辞書との違い

先日来、電子媒体の辞書と紙媒体の辞書のことをずっと考えている。

筆者は「辞書体資料」という用語を使う。何らかのかたちで編集がなされている言語資料をそのように呼び、編集がされていないものを「非辞書体資料」と呼ぶ。編集がされた辞書体資料の見出しになっている語は、かつては何らかの非辞書体資料の中にあった語のはずだ。だから抽出され、編集されて辞書体資料の見出しとなっても、言語使用者には、その見出しの背後に非辞書体資料がみえることがあるだろう。あるいは非辞書体資料の「痕跡」をもつといってもよい。あるいは、非辞書体資料と「紐帯」でつながっているといってもよい。少なくとも母語話者はそうした「感覚」を何ほどかはもっているのではないか。そうだとすると、抽出されてはいても、辞書体資料の見出しは、「文脈」の中にあることになる。

一方、自然に発話される言語は、音の並びである。始めがあって終わりがある。この言語記号の性質を「線条性」と呼ぶ。言語記号のもつ性質の中でも重要な性質だ。文も、文があるまとまりをもって集積した文章も、始めがあって終わりがある。「線条性」だから、それをたどっていかなければならない。そして、人間の思考は言語によって展開している。とすれば、思考も必然的に「線条性」という性質の中で展開しているということになるのではないか。紙媒体の辞書はその書物としての形態が「線条性」という枠組みの中にありそうだ。しかし、電子辞書は、「線条性」を帯びているとはいいにくい。特にこの語の語義を調べようと思って、検索窓にある語を入れ、検索して語釈をよむ、という使い方は、線条的ではない。どちらかといえば「情報」の断片を拾っているような感じだろうか。

書物という形態は、長い時間をかけて、人間が知を、つまり思考を集積しておくためにふさわしい形態としてうみだし、洗練させてきたものなのではないだろうか。そうであれば、その思考の集積の仕方こそが書物の本質で、そこにこそ紙媒体の辞書と電子辞書との違いがあるのではないか。

毎年そろそろ年賀状をやめようかと思いながらも、もう少し続けようかと思って年賀状を購入してしまう。亡父は筆者と違って達筆で、毎年きちんと筆で書いていたのを思い出す。今年もなんとか、元日に先方に着くように出すことができそうだ。

一二月六日（木）雨　――なぞなぞ考

研究室でテレビ番組「東大王」ビデオ出演の撮影をした。おそらく放映されるのは一〇秒ぐらいだろうが、念を入れていろいろなパターンを撮影したので、時間はある程度かかった。クイズ制作会社の人が作ったクイズに目を通して、良問を選び、解説すればいいことになっているが、ちょっと作ってみたくなった。
『中世なぞなぞ集』（鈴木棠三編、一九八五年）というタイトルの岩波文庫がある。文字通り、中世期以降に成立したと思われる「なぞなぞ」の本が翻刻され、解説が付けられている。筆者は『ことばあそびの歴史』という本の中で、室町時代の歌人、中御門宣胤《なかみかどのぶたね》の日記『宣胤卿記』に記されている「なぞなぞ会」でのなぞなぞのことを紹介した。
　そのかみ失せし浦島帰る　答え：猿《ましら》
　紅の糸腐りて虫となる　答え：虹
この二つなどは現代でもわかるなぞなぞではないだろうか。

一二月七日（金）曇り　――神保町本屋めぐり

平凡社新書の担当をしてくださっていた保科孝夫さんが、新書編集長の金澤智之氏を紹介してくださるということなので平凡社に行く。少し早く神田に着いたので、まず共栄堂でポークカレーを食べる。亀澤堂でどら焼きと豆大福を買って、日本書房へ向かう。日本書房のある側もしばらく来ないうちにずいぶん変わったように感じた。カレー屋さん、エスニック料理店など飲食店が増えたような印象だ。

日本書房で宮沢賢治『風の又三郎』（一九三九年第一刷、一九四一年第九刷、羽田書店）をまず購入。函の下部が補修してあるが、まずまずのコンディションだ。子供の頃に読んでいたものと装幀は似ているように思うが、判型が少し大きいように感じる。はたしてどうなのだろうか。改造社から出版された「新鋭文学叢書」シリーズの、黒島傳治《でんじ》『浮動する地価』（一九三〇年）、藤澤桓夫『傷だらけの歌』（一九三〇年）がわりに安かったので、購入。片岡鉄兵『流れある景色』（一九三六年、有光社）も購入。この本は「純粋小説全集」と銘打たれている。横光利一の「純粋小説論」にかかわるのだろうか。巻末に「懸賞小説応募券」がついていた。「規約」には「純粋小説全集刊行記念として壱千円懸賞長篇小説を募集します。撰者は、横光、林、川端、武田の諸氏に文芸批評家小林秀雄氏が一枚加はります」「応募者は本券十枚（第十回配本迄の分）を添へ十二月三十日迄に本社宛作品を御直送下さい」とある。販売促進のための工夫だろうか。おもしろい。享保四（一七一九）年版の『聚分韻略』も安かったので購入した。後表紙がないが、刷りは比較的よい。

打ち合わせの後に東京堂書店に寄って、神永曉『辞書編集、三十七年』（二〇一八年、草思社）、赤坂憲雄『武蔵野をよむ』(二〇一八年、岩波新書)、牧逸馬『世界怪奇残酷実話』(二〇一八年、河出書房新社)、NHKテキスト『100分de名著　スピノザ　エチカ』(國分功一郎著)を購入。やはり時々は大きな書店に行く必要がある。

一二月八日(土)曇り　――「芫爆里脊」に挑戦

少し前、一一月一六日の新聞の「生活」面に東京池之端の中国料理店「古月」店主、山中一男氏の話が載せられていた。記事では、「芫爆里脊(イエンパオリーチ)」という名前の「豚ヒレ肉と香菜のいためもの」が紹介されていた。調べてみると「芫」が香菜のことだった。作ってみたくなった。料理は家事の中ではもっとも好きであるが、理由は「結果がすぐにわかる」ところにある。しかし所謂「男の料理」ではなく、プロセスが単純でだいたい三〇分以内に作れる料理しかしない。中華料理の炒め物はだいたいそのくらいでできる。少しレシピをアレンジして、この料理を作ってみたが、まあまあの出来だった。

みんなで食事をしている時に、「一家言」を披露する人が案外いるので、料理好きの男性は一定数いるように思うが、そういう時は黙って聞いていることにしている。

一二月九日(日)晴れ　――もう一手間

奨学生入試のために大学に出る。

『日本国語大辞典』全巻をよむ、という試みを行なってから、自分が接している一つ一つの「情報」

に、丁寧に接するようになったような気がしている。日本語の全貌を知ることなどできない、ということをいわばリアルに感じるようになったために、せめて今自分が遭遇した日本語、それにまつわる「情報」には丁寧に接しておこうという気持ちだろうか。

毎日届く古書目録には必ず目を通す。これまでは、自分が使いそうな古書を入手しておくということが目録に目を通す目的だった。「こういう本があるのだ」ということはこれまでももちろん思っていたが、それ以上調べることはほとんどしていなかった。最近は、「もう一手間」かけてインターネットで調べてみたりすることが多くなってきた。その結果、当該目録よりも低価格でインターネット上で販売されていることがわかり、そちらに注文を出すこともある。

国府《こくぶ》犀東《さいとう》『花ざくろ』(一九〇一年、文武堂)もそうした一冊だ。目次には「〔新体／詩集〕花柘榴」と印刷されている。国府犀東について調べてみると、一八七三年生まれ、新聞記者をつとめ、その後官僚となり、詔勅の起草なども行なっていたとのことだ。慶應義塾大学予科、旧制東京高等学校で漢文を講義していた。「犀東」は(そうかなと思ったが)金沢の犀川《さいがわ》の東畔に生まれたことに由来している。室生犀星の「犀星」は「犀西」の漢字を換えたものだ。大きな湖があれば、その北側は「湖北」と呼ばれる。中国の湖北省は洞庭湖の北側の地域だ。と、今パソコンから入力しようとして、筆者が使っているソフトでは、「どうていこ」と打ち込んで変換キーを押しても、「洞庭湖」がでなかった。「漢文離れ」「中国文学離れ」について書こうと思ったのだが、それはこうしたことからもわかる。

大学に届いていた「思文閣古書資料目録」第二六〇号を持ち帰ってゆっくり目を通す。御伽草子、奈良絵本がかなり出品されている。奈良絵本の「酒呑童子」を貼った二曲一隻の屏風が五九万四〇〇〇円でていた。少し前に「文正草紙」が貼られた屏風を大学の図書予算で購入してもらった。これを使って、二年生以上の「くずし字解読演習」を行なった。この屏風もほしいが、どのように話をもっていくか。

一二月一〇日（月）曇り――「日本語アーカイブ」は可能か

一二月一〇日、語彙・辞書研究会の「近代辞書の歩みとこれから　明治一五〇年の辞書世界」というシンポジウムで発表をしたことを機会に、『日本国語大辞典』第二版の編集長であった佐藤宏さんとメールを少しやりとりしたりするようになった。佐藤宏さんはFacebookを使っておられ、そこで『日本国語大辞典』が「日本語アーカイブ」になれるか、というようなことを述べていた。過去から現在までの間に使われた日本語をすべて記録する「日本語アーカイブ」を構築するとして、それは『日本国語大辞典』のような大規模な辞書によって実現できるのか、「日本語歴史コーパス」のようなコーパスが実現できるのか、という問いをたててみる。「過去から現在までの間に使われた日本語」が「はなしことば」「書きことば」両方であるとすれば、原理的にそれは不可能ということになる。なぜなら、例えば、奈良時代にどのような日本語が話されていたかは、わからないからだ。では、文字化された日本語、「書きことば」に限定すれば可能だろうか。「すべて」をどの程度のものとして考えるか、であろうが、原理的には可能、しかし実際にはなかなか難しいだろう。

「書きことば」に限定したとしても、日本語の全貌をイメージすること、そのイメージに基づいてとらえることが案外とできないのではないかと思う。これは『日本国語大辞典』を（一応、ではあるが）通読して、自分が知らない語がたくさんあり、それがどのように「分布」しているかを実感として知ってからそう思うようになった。しかしそれも、『日本国語大辞典』という「土俵」上の感覚だ。

一二月一四日（金）晴れ　――翻字・校閲の思い出

今日と明日と東京古書会館で開かれる「新興古書大即売展」の「略目」を見ていたら、尾張横須賀の俳人で味噌屋を生業とする方間舎楓京《ほうかんしゃふうきょう》（本名、坂丈之進正盈。安永四〈一七七五〉年に六九歳で死没）が見聞きしたことを記録した「見聞録」三二冊が出品されていた。明和七（一七七〇）年のオーロラと思われる「赤《せっ》気《き》」の記録、絵図や「筑後国久留米村化物図」などが写真版で載せられていて、こういう資料をゆっくり読むとおもしろいだろうと思った。ただし価格は一〇〇万円を超えているので、容易には購入できない。インターネットで調べてみると、明和七年七月二八日（一七七〇年九月一七日）の「赤気」は四〇ほどの書物に記録されているとのこと。

修士論文では連歌書を分析対象としたので、こうした目録を見ていても連歌関連の書物に自然に目がいく。この目録には「連歌秘伝風聞躰」と「角田川（吾妻問答）」とが並んで出品されていた。前者は「一紙《いっし》品定《しなさだめ》」と呼ばれることもある。後者は「文明十三年宗祇本奥書」と目録にあるので、大阪天満宮の滋岡《しげおか》本と同系統の写本であろう。

勉誠社（現在の勉誠出版）から出版されていた『連歌貴重文献集成』第六集には、徳大寺公維《きんふさ》の書写とされている大東急記念文庫蔵本の「吾妻問答」が影印されている。この集成をよみ、毎日翻字をし、一週間に一度、伯父の故山田忠雄に校閲を受けていた頃が懐かしい。業後に西荻窪の駅のそば（だったと思うが、今調べてみるとそれらしい店がないので、あるいは記憶違いかもしれない）のとんかつ屋に連れていってもらったことなどもあった。山田忠雄は一九九六年二月六日に没しているので、それからでもすでに二二年が経つ。筆者が校閲を受けていたのは今から三〇年ちかく前のことになってしまった。

一二月一七日（月）晴れ　――明治四五年度入学試験

大学院のパンフレット用の写真を昼休みに大学院生と撮る。

入手してあった明治四五年度『諸官立学校入学試験問題集』（明治四五〈一九一二〉年、金刺芳流堂）を少しみる。この頃にどのような入学試験が行なわれていたのかということを具体的に知りたいと思って入手した。

陸軍士官候補生の試験問題をみると、まず「英語」として「英文和訳」「和文英訳」「英文法」、「独逸語」として「独文和訳」「和文独訳」「独逸文法」、「仏蘭西語」として「仏文和訳」「和文仏訳」「仏文法」、「数学」として「算術」「代数」「幾何」「三角法」「物理」「化学」「地理」「歴史」「〔士官／候補生〕読書」「作文」「図画」が出題されている。使用されている符号は大きな区分には●、小区分には○が使われている。「●英語」に「○英文和訳」が設定されているというようなかたちだ。それからすると右のように区分されていることになるが、「●数学」の内部の区分ははたしてこれでいいかどうか。

それはともかくとして、「〔士官／候補生〕読書」の最初の問題は「左ノ文ニ句読返リ点送リ仮名ヲ附クベシ」で、「凡兵戦之場止屍之地必死則生幸生則死其善将者如坐漏船之中坐焼屋之下（下略）」（凡そ兵戦の場は、止屍の地なり。死を必すれば、すなわち生き、生を幸いすれば、すなわち死す。それ善く将たる者は、漏船の中に坐し、焼屋の下に坐するが如し）という『呉子』の文章がいわゆる「白文」で出題されている。五番目の問題の「一」は「成就」「名聞」「男女」「萬歳」の「右傍ニ漢音、左傍ニ呉音ヲ附ケヨ」とある。これぐらいであれば、現在も答えられそうだが、漢字音が二つあることはわかっても、どちらが漢音でどちらが呉音かがわかるだろうか。「二」は「左ノ語句ヲ下段ニ漢文ニ改作セヨ」という問題で、「衆人ハマサニ分陰ヲ惜ムベシ」「過チテハ則チ改ムルニ憚ルコトナカレ」があげられている。これも『十八史略』の「衆人当惜分陰」、『論語』の「過則勿憚改」であるので、「漢作文」とまではいかないかもしれないが、「白文」を読み、漢文を作文する能力が問われているといえるだろう。

明治四五年は今から一〇六年前。求められているリテラシーがこれほど違う。過去がよかったとか、今は必要ないとか、そういう議論の前に、まず過去がそうであったことをきちんと把握することだけはしておきたい。

一二月二一日（金）晴れ――「わかりやすい」と「おおざっぱ」

届いている古書目録を見る。現在書いている論文や原稿にすぐに必要なものというよりは、これから使いそうな資料をあらかじめ購入しておくことが多い。

ちかい語義をもつ語、すなわち類義語は言語使用者の「心的辞書」内に結びつきをもって収められていると推測するのが自然であろう。類義語は、共通する語義と異なる語義とをもっていることになる。共通する側を大事にすれば、こういう場合はX、こういう場合はYというように語を使うことになる。異なる側を大事にすれば、こういう場合はX、こういう場合はYというように語を使うことになる。共通するのだから、ということになると、「どの語を使ってもだいたい同じ」ということになる。

現代はこの「どの語を使ってもだいたい同じ」という感覚がひろまりつつあるように感じる。あるいは語義差がわからなくなってきているといえばよいだろうか。こうなると類義語はその中の一つがあればいいということになる。細かな概念差、表現差が捨象されて、おおざっぱな表現になる。それが「わかりやすい」といわば勘違いされているのではないだろうか。筆者などには、こうした（おおざっぱな表現に向かって行く）「日本語再編成」が急速に進行し始めたように感じられている。

買物のついでに、毎年おせちの黒豆に使っている丹波篠山の黒豆を買っておいた。少し高いができあがりの味が良いので、買ってしまう。手間をかけて作るのだから、それなりの材料で作りたい。

一二月二三日（日）曇り　――サイモンとガーファンクルと「インバウンド」

新聞「総合3」面の「日曜に想う」では「インバウンド」と「アウトバウンド」ということが話題として採りあげられていた。記事には「訪日客「インバウンド」の増え方は尋常ではない」とあった。日本に来るのが「インバウンド」、日本から出るのが「アウトバウンド」と使われているように思われる。「インバウンド」という語からサイモンとガーファンクルの「Homeward Bound」という題名の曲がふと思い浮かんだ。「思い浮かんだ」というよりは曲が頭の中で流れた、といったほうがよいかもしれない。中学生の頃に聴いた曲であるが、家に帰りたいのだ、ということぐらいはわかった。調べてみると「homeward-bound」と「inbound」は語義が近そうだ。発話者側に自分の本拠地と思えるような「場所」があって、そこに向かうのが「inbound」でそこから出て行くのが「outbound」であろう。ということは、訪日客にとって、自身の動きは「outbound」ということになる。

夕方年賀状を投函しに外へ出た。ポストに年賀状用の輪ゴムが袋に入れて貼り付けてあったのには驚いた。これまでにはなかったサービスだが、投函してから気づいた。ついでになんとはなしに近くのコンビニエンスストアに足を向けた。

こういう年末に向かう時には、実家にいた頃には家の周りの掃除をして、焚火をしたものだった。実家のある鎌倉では、だいぶ前から焚火ができなくなっている。焚火の匂い、焚火から立ち上る煙が懐かしいものになるとは、その頃は思わなかった。こうした「懐かしい気持ち」は白秋や夢二が「抒情」と呼んでいた心持ちかもしれない。人はそれぞれ、内心にそうした「懐かしい気持ち」をもっているのだろう。内心の「懐かしい気持ち」には自分自身がかかわる。

一二月二五日（火）――アルチュセールの哲学

市田良彦『ルイ・アルチュセール』（二〇一八年、岩波新書）をよみ始める。一一月九日の『週刊読書人』に書評が載せられていた。口絵としてカントの「超越論的エスカルゴ」を論じているアルチュセールの写真が載せられている。黒板上にスピノザの「コナトゥス」という用語が見えていることも説明されていた。

よみ始めてすぐに興味深い言説に遭遇する。それは、この本はアルチュセールが自分の哲学を「知らなかった」と想定し、その「アルチュセールの哲学」を「彼がもっとも影響を受けたスピノザをめぐって「ねつ造」する」（五頁）というものだ。「ねつ造　forger/inventer」という語の「出所」はスピノザであるとも記されている。スピノザを使ってアルチュセールの哲学を抽出するといえばいいのだろうか。

よみ進めるのが楽しみだ。そして同時に、思ったことがある。塚本邦雄が斎藤茂吉の作品を丹念によんで自身の「よみ」を記しとどめている。岡井隆も斎藤茂吉の作品をよんでいる。斎藤茂吉をよむ塚本邦雄、岡井隆をさらによみこむことで、斎藤茂吉の作品をよみ、かつ塚本邦雄、岡井隆の作品をよむことができるのではないかとしばらく前から考えている。そのことを思った。

もう一つは、「理論」はいわば最初から、それを提出する人間のきわめて個人的な「経験」と一体だったのである」(六頁)という言説だ。もしもそうだとすれば、「理論」というものが個人的な彩りをどこかにもっていることになる。これもおもしろい「みかた」だ。

一二月二六日（水）晴れ　——聞き取れなかったせりふ

国立劇場に行って、「増補双級巴《ふたつどもえ》——石川五右衛門」をみた。この日が千穐楽だったが、客席には空席があった。

筆者はイヤホンガイドを使ったことがない。せりふを聞いていて、どんな語かが判断できない語が幾つかあったので、帰り際に上演台本を購入した。石川五右衛門が登場する時に「されば三界に宿り定めぬ木食上人、トソウアンギャと志し、伏屋が門にたちやすらい」と御簾内の語りがあるが、その「トソウアンギャ」がうまく聞き取れなかった。台本では漢字列「斗藪行脚」があててあった。『日本国語大辞典』は別の漢字列を示しているが、語義は「難行苦行を積む目的で乞食行脚をすること」と説明されている。「トソウ」は仏教語で、『日葡辞書』では「トソウ」を「行脚の坊主」と説明している。

五右衛門の養父次左衛門のせりふに「さても〳〵恐ろしいは人の恨み、まっこの通りに報わねばならぬ因縁因果経、これ見てたもれ」とあったが、「マッコノトオリ」は「まさにこのとおり」の意で、江戸時代語だ。何度も使われていた「ミショウイン」がわからなくて台本を購入したようなものであるが、台本では「御正印」と漢字があててあった。

世話物にも巧みな吉右衛門のいい面が出た演目だった。帰りに三越前で降りて、年末年始につまむためのお菓子を買い、上野で食事をして帰宅した。

一二月二七日（木）晴れ　――「ずる」のようだがありがたい

正月料理用の食材を買いに出た。

NHKテキスト「100分de名著」の國分功一郎『スピノザ　エチカ』を読む。『エチカ』をきちんと読んでいないので「ずる」のようだが、わかりやすくておもしろい。「もろもろの物を利用してそれをできる限り楽しむ〔…〕ことは賢者にふさわしい。たしかに、ほどよくとられた味のよい食物および飲料によって、さらにまた芳香、緑なす植物の快い美、装飾、音楽、運動競技、演劇、そのほか他人を害することなしに各人の利用しうるこの種の事柄によって、自らを爽快にし元気づけることは、賢者にふさわしいのである」（五〇頁）というスピノザの言説はわかりやすい。

もちろん『エチカ』そのものを読まなければいけないが、こういうテキストがあることはいいことだと思う。何事も学びやすい時代になった。

一二月二九日（土）晴れ　――大正時代の「家庭重宝辞典」

大正期の日本語についての資料を少しずつ集めている。雑誌『主婦之友』の新年号附録「家庭重宝辞典」(大正一三〈一九二四〉年一月一日)を購入してみた。目次の下に「御注意」とあって、「この附録だけを御希望の方には、一部金五十銭(送料二銭)でお頒けいたします。また年末年始御贈答用として三十部以上取りまとめて御註文の場合は、特に一部三十銭でお頒けいたします」とある。一銭を二〇〇円とみると、送料二銭は四〇〇円、一部の価格が一万円となって、これでは年末年始の贈答には高すぎるように感じる。

目次を見ると、「母親の心得おくべき育児と教育の注意」から「婦人職業紹介所と内職授産所」まで二〇箇条にわたって記事が載せられている。それぞれの箇条の内部はまた細かく分けられていて、「母親の心得おくべき育児と教育の注意」の条であれば、「お八つの与へ方」「ヂフテリーの注意」「子供室の壁の色」「泣虫の子供の教育法」「幼児に与へてもよい玩具と悪い玩具」などに分けられている。

広告もおもしろい。巻末の広告には「家庭の常備薬メンソラタム」とあったが、これは現在の「メンソレータム」のことだろう。「料理用テンピ」という広告もあった。「料理用ストーブ代用として、パンも焼ければカステラその他の菓子も焼けます。また和洋料理の蒸焼物には最も理想的です」とある。これを見て、母親が家庭用のオーブンのことを「テンピ」と呼んでいたような記憶がよみがえってきた。

おせち料理を作り始めた。毎年、二九日と三〇日の二日間で作るようにしている。黒豆、八宝煮、七福煮なますを作った。

一二月三〇日（日）晴れ ——固有名詞の系譜

二〇一八年を振り返る新聞記事にあった、「亡くなった方々」を見て、改めてああそうだったと思った。石牟礼道子（九〇歳、二月一〇日）、金子兜太（九八歳、二月二〇日）、竹本住太夫（九三歳、四月二八日）、桂歌丸（八一歳、七月二日）、入沢康夫（八六歳、一〇月一五日）、ベルトルッチ（七七歳、一一月二六日）、ジョージ・H・W・ブッシュアメリカ第四一代大統領（九四歳、一一月三〇日）。

『クリミナルマインド』シーズン11の第二話では、「スペンサー・リード」が帰りの飛行機の中でユングの『シンクロニシティ』を読んでいる場面があった。同僚が「ポリスのアルバム？」と尋ねる。なるほど、固有名詞をめぐるそういう質問によって、「違い」をあらわすのだと思った。今の日本だったら、「乃木坂46？」と聞くところだろうか。乃木坂46の「シンクロニシティ」は日本レコード大賞を獲得した。「シンクロニシティ」というタイトルの楽曲を考えた人は、ユングやポリスのことはどの程度意識したのだろうか。これは「固有名詞の引用」ということにかかわる。

筆者が最初にそのことを意識したのは、渡辺美里が「サマータイムブルース」という曲をリリースした時だ。今確認してみると一九九〇年のことであることがわかる。それまで筆者にとっては「Summertime Blues」は THE WHO というロックアーティストの曲だった。

そんなことを考えていると、ピンク・レディーのデビューシングル「ペッパー警部」が一九七六年にリリースされた時のことも思い出してきた。この曲名を聞いた時に（「警部」は「sergeant」ではないが）「サージェント・ペッパー」ということではないかとすぐに思った。「Sgt. Pepper's Lonely Hearts

Club Band」はビートルズの八枚目のアルバム名であり楽曲名でもある。一九七七年に日本レコード大賞を受賞したのが沢田研二の「勝手にしやがれ」。今年の紅白の最後に出演することになっているサザンオールスターズのデビューシングル「勝手にシンドバッド」(一九七八年)は、この「勝手にしやがれ」とピンク・レディーの「渚のシンドバッド」(一九七七年)を合わせたものだ。

一二月三一日(月)――『訴訟提要』から紅白歌合戦へ

いよいよ大晦日を迎えた。

大晦日にふさわしい話題かどうかわからないが、山内豁朗編輯『訴訟提要』(一八七五～七六年)という書物を購入した。「訴訟部」七冊、「貸借部」五冊、「公裁部」四冊、それぞれの続編が三冊、一冊、一冊で合計二一冊。安くはなかったし、どのような内容であるかもはっきりとはしないままの購入であったが、法律関係の書物であることはわかるので、そういう書物はどのような日本語で書かれているかを知りたかったからだ。いわば自身の弱点強化のような意味合いでの購入だ。

例えば、「訴訟提要第二篇」「訴訟成規巻之一」の冒頭では「身代限規則」について述べられている。「身代限《しんだいかぎり》」は強制執行による債務弁済制度であるが、明治五(一八七二)年には「華士族平民身代限規則」(太政官布告第一八七号)が公布されている。巻之一の一丁表には「訴訟成規巻之一」とあり、すぐ次の行に「身代限規則」とある。「成規」の「規」はこのように記されているが、「身代限規則」の「規」の左側は「夫」ではなく「矢」になっている。つまり隣り合わせで(視覚的には)異なる形の漢字が記されている。こういうことも気になる。「も」ではなく「が」かもしれない。ごく常識的にみれば同じ字にきまっている。しかしその「同じ」は「字体」として「同じ」ということなのか、「字体」は異なるが「字種」として「同じ」ということなのか。こういうことが案外とはっきりしていない。

結局紅白歌合戦を見る。家族で紅白歌合戦を見るという「図式」そのものに反発して、絶対に見ないぞ、と思っていた時期もあったが、今は、日頃テレビを見る機会があまりないので、いろいろなことに疎くなりがちだという自覚がある。その「疎さ」を埋めるというと大げさだが、そんなつもりで、見ることにしている。新聞に入っていた「対戦表」のようなものを見ると、「打上花火」のような漢字列のみのもの、「天城越え」のような「漢字+平仮名」のもの、「カブトムシ」のような和語をすべて片仮名で書いたもの、「アイデア」のように外来語を片仮名で書いたもの、「Lemon」のように外国語をラテン文字で書いたもの、「R.Y.U.S.E.I.」のように日本語(この場合は漢語)をラテン文字によって(ローマ字として)書いたもの、「U.S.A.」のように外国語を省略表記したものなどさまざまな書き方がみられる。現在の日本語の語彙的なありかた、表記的なありかたを反映したものになっているようにみえる。「R.Y.U.S.E.I.」の「.」はどう理解すればいいのだろうと以前から思っていたが、これが「リュウセイ(流星)」なら「U.S.A.」は「ウサ」だ。しかしそうではない。

「ゆく年くる年」を見てから就寝。北鎌倉にある実家では、除夜の鐘がいろいろな方向から聞こえてきて、あれは円覚寺だとか、あれはまた鐘の音が違うとか家族で話したものだったが、懐かしい思い出だ。

あとがき

勤務先の大学は、正門を入ると左側に五一段の階段がある。学生が階段を上がっている時は、階段を上がらないようにしているが、誰も階段を上がっていない時には、階段を使うようにしている。それは、四月三〇日の日記で話題として採りあげたかっての同僚の方が、まだ体力が大丈夫かどうか、確かめるために、時々階段を使っているというようなことをおっしゃっていたからだ。その話をした時にはその方も「まだ大丈夫なようです」とのことだった。半分は冗談、半分は本気かなと思いつつ、それからは筆者も階段を使った時に「まだ大丈夫だな」と確認している。

階段を使わない時は正門から坂道をのぼる。緩やかにカーブしているスロープが季節を感じさせてくれることについては四月九日に書いた。六月の梅雨時のクチナシの花の香り、秋に綺麗に紅葉するハゼなど、折々の楽しみだ。シイの実や松ぼっくりも落ちている。

イチローは踏み外すおそれがあるから階段は使わないという話を聞いたことがある。それも周到な考え方だ。しかし、日常生活をしていて、階段を使わざるを得ないということも少なくない。歩道橋、駅の階段など、あちらこちらに階段がある。

だから階段は一段ずつゆっくりと上がるようにしている。一段ずつ上がっていけば、階段の上に着く。階段の上は、「目的地」ではないだろうから、「そこから先」がまだある。やっと着いたという「目的地」にいる時間よりも、それまでの時間が長いことが多いだろう。とすれば、途中を大事に、階段を楽しむ、といった気持ちも大切になるだろう。

毎日記す日記は、階段に似ているところがある。いや、階段というよりも、階段の記録といったほうがいいかもしれない。七月三一日の日記に、三浦雅士氏のことばを引用したが、書き記すことによって、考えていたことが「かたち」をもった、と実感できる時がある。ひとごとのようだが、自身の考えていたことはこういうことなのだ、とはっきりしてくる瞬間といってもよい。それがはっきりすれば、次に進める。次のステップに進むという表現があるが、その「ステップ」は「階段」だろう。

「まえがき」に記したように、筆者は二〇一三年の四月頃から、読んだ本で書き留めておきたい箇所を記録したり、本を読んで考えたこと、論文のテーマになりそうなこと、といったさまざまなことを書き記すようになった。時々それを読み返して、さらにいろいろなことを考えたりしていた。これが今回の「日記」のもとかもしれない。書き留めるために、さらに深く考えたり、情報にあたってみたりすることもあり、「書く」という行為が「丁寧に考える」ということと結びついているのを感じさせてくれる。「話す」という行為は、どちらかといえば、自身の考えを表出すること、すなわち「アウトプット」寄りの行為のように思われるが、「書く」という行為は内省を伴うことが多く、案外と内側に向かっている、すなわち「インプット」とかかわるのではないだろうか。「読む」と「書く」とが結びつくといっそうそうなりそうだ。

一年分の日記のその後、「それから」について少しふれておこう。一月九日に、「今度は『広辞苑』第七版全巻読破でもやるかな」と記した。全巻読破にはまだまだ時間がかかりそうであるが、「『広辞苑』をよむ」というテーマを岩波新書としてまとめるという企画が成立している。

二月一三日に北原白秋「『まざあ・ぐうす』の原本を初めて見ることができた」と記した。その後、古書展の目録で『まざあ・ぐうす』がまずまずの価格で出品されているのを見つけ、いそいそと注文を出した。そして「入手することができた」とここに書くはずだったが……抽選が外れ、いまだにこの本は入手できていない。

一二月六日、テレビ番組「東大王」ビデオ出演の撮影をし、「おそらく放映されるのは一〇秒ぐらいだろう」と記した。放映は一〇秒ではなく、もう少し長かった。

一二月九日、奈良絵本の「酒呑童子」を貼った屏風のことを記した。学科に許可をとり、注文をした時には……売れてしまっていた。しかし、その後、別の屏風を購入することができた。価格はこちらの方が高かったが、とてもコンディションのいい屏風だった。八月にはオープンキャンパスでこの屏風を使おうと思っている。

一二月一〇日、『日本国語大辞典』第二版の編集長であった佐藤宏さんとメールのやりとりをするようになったことを記した。その後、『日本国語大辞典』のオンライン版の運営をしているジャパンナレッジの方とも知り合い、四月からジャパンナレッジのウェブサイトで、「来たるべき辞書」について、佐藤宏さんと「往復書簡」をかわすというかたちの連載が始まることが決まった。

雪道で転倒したり、階段を踏み外したりしないように、丁寧に慎重にしかし、周囲の景色も、そしてのぼっていく「過程」も楽しみ、味わいながら、一歩一歩、歩を進めていくようにしようと改めて思った。

『北原白秋　言葉の魔術師』(二〇一七年、岩波新書)の「あとがき」に「これから先、また古川さんとタッグを組むことがあるかどうか」と書いた。だが、この本はその「タッグ」を組んだ四冊目の書物になった。これまでどおりの古川義子さんのさまざまなアドバイスに感謝したい。そしてまた一日一日を大事に過ごしていきたいと思う。

今野真二

二〇一九年三月

今野真二
1958年神奈川県生まれ．1986年早稲田大学大学院博士課程後期退学．現在，清泉女子大学教授．専攻は日本語学．
主要著作―『仮名表記論攷』(清文堂出版，第30回金田一京助博士記念賞受賞)
『消された漱石　明治の日本語の探し方』(笠間書院)
『漢字からみた日本語の歴史』(ちくまプリマー新書)
『『言海』と明治の日本語』(港の人)
『かなづかいの歴史』(中公新書)
『百年前の日本語』『日本語の考古学』『北原白秋　言葉の魔術師』(以上，岩波新書)
『日本語学講座』全10巻(清文堂出版)
『戦国の日本語』(河出ブックス)
『『日本国語大辞典』をよむ』(三省堂)ほか多数

日日是日本語《にちにちこれにほんご》―日本語学者の日本語日記

2019年4月18日　第1刷発行
2019年7月25日　第3刷発行

著　者　今野真二《こんのしんじ》

発行者　岡本　厚

発行所　株式会社 岩波書店
〒101-8002 東京都千代田区一ツ橋2-5-5
電話案内 03-5210-4000
https://www.iwanami.co.jp/

印刷・三秀舎　製本・牧製本

ISBN 978-4-00-061334-7　Printed in Japan